KB253889

행복 자격증

행복 자격증

행복은 선택이다!

김성광 지음

행복국민 행복나라 **도서출판 강남**

인생에는 항상 행복과 불행의 두 길이 있다.
우리는 매일 이 둘 중에 한 길을 선택해야만 한다.

– 아브라함 링컨 –

행복은
선택이다!

잘 먹고 잘 살자, 웰빙 열풍

21세기의 화두는 '행복' 입니다. 행복은 이제 베스트셀러의 단골 주제일 뿐만 아니라, 하버드대나 서울대에서 '행복학' 이라는 정식 과목으로 채택되어 강의되고 있는 학문적 테마입니다. 경제학에서는 '행복 경제학' 이라는 분야까지 등장했습니다. 세계 각국은 국가의 수준을 평가하는 기준으로 각종 '행복지수' 를 사용하고 있습니다.

요즘 한창 성행하고 있는 '잘 먹고 잘 살자' 라는 웰빙(well-being : 복지, 행복이라는 뜻) 열풍도 행복한 삶에 대한 열망을 잘 보여주고 있습니다. 사람들은 안전한 먹거리를 위해서 고가의 유기농 채소를 구입하고, 건강에 좋은 음식이라면 전국 어디든지 찾아다닙니다. 몸짱 만들기 열풍으로 헬스클럽을 찾는 사람들도 늘었고, 남성들은 영화 속의 주인공처럼 근육질 몸매를 만들기 위해 근육 강화제까지 마다하지 않습니다. 최근에 광우병 괴담이 인터넷을 통해서 급속히 퍼지게 된 것도 따지고 보면 잘 먹고 잘 사는 행복한 삶에 대한 위협을 느꼈기 때문입니다. 잘 먹고 잘 사는 것, 행복하게 사는 것이야말로 인생 최대의 목표가 되었습니다.

왜 이렇게 잘 먹고 잘 사는데 목숨을 걸게 되었을까요? 한편으로는 안전한 먹거리를 지키는 것조차 어려운 지경이 되어 버렸고, 한편으로는 경제가 발전해서 먹고 살만해졌지만 현실의 삶은 여전히 고단하고 불행하기 때문입니다.

'한국인들의 삶의 만족도'를 알아보기 위해 삼성경제연구소에서 실시한 "당신은 행복하십니까?"라는 질문에 한국인 70% 이상이 "나는 불행하다"라고 답했다고 합니다. 자신의 인생을 불행하게 느끼는 사람들의 가장 극단적인 선택이 바로 자살입니다. 한국의 자살률은 10만 명당 23.0명으로

OECD(경제협력개발기구) 국가 중 1위입니다. 어느새 우리의 삶에 빨간불이 켜졌습니다. 그저 가만히 앉아서는 인생을 행복하게 살기 어렵게 되었습니다.

돈만 있으면 행복할 줄 알았는데…

우리는 6 · 25전쟁 후 산업화에 초점을 맞추면서 경제성장에 주력해 왔습니다. 새마을 운동을 중심으로 '잘 살아보세' 라는 구호를 외치며 새벽부터 밤늦게까지 열심히 일했습니다. 그 결과 우리는 한강의 기적을 이루며 세계 10대 경제대국으로 성장했습니다. 경제 성장 덕분에 먹고 사는 걱정은 덜게 되었지만 성장이 모든 인생의 문제를 해결해 주는 만능열쇠는 아니었습니다.

돈만 있으면 행복할 줄 알고 한눈 한번 팔지 않고 앞으로만 달려왔는데, 돈만으로는 채워지지 않는 것들이 있었습니다. 돈벌이만을 중요하게 생각했던 가정들은 황폐해져 갔고, 부모 없이 홀로 집을 지키던 아이들은 부모를 외면했습니다. 참고 희생하며 살아온 아내들의 반란도 시작되었습니다. 돌보지 못한 자신의 몸도 하나둘씩 고장 나기 시작했습니다. 돈만 있으면 행복할 줄 알았는데, 그것이 아니었습니다.

목적지를 잃어버린 인생은 혼란과 방황의 길에 들어서고 맙니다.

결국 우리는 깨닫게 됩니다. 돈으로 행복을 살 수는 없다는 것을. 행복을 위해 돈은 필요하지만, 그것만으로는 충분하지 않다는 것을 말입니다.

행복은 마음의 선택이다

행복(幸福)이란 무엇일까요? 국어사전에는 행복을 이렇게 정의하고 있습니다. '생활에서 충분한 만족과 기쁨을 느끼는 흐뭇한 상태.' 이처럼 행복의 기준은 바로 마음입니다.

모든 사람들이 꿈에 그리는 완벽한 행복의 조건을 가진 사람이 있었습니다. 바로 독일의 세계적인 문학가 괴테입니다. 그는 법률가이자 고위 공직자인 아버지와 귀족 출신의 자상한 어머니 밑에서 충분한 사랑을 받으며 부족함 없이 자랐습니다. 지적 능력도 뛰어나서 15세에 라이프치히 대학에 들어가 법률을 공부했습니다. 22세에 변호사가 되었고, 25세에 『젊은 베르테르의 슬픔』이라는 소설로 작가로서의 명성을 얻었습니다. 26세에는 바이마르 공화국의 재상이 되어 10년간 국정에 참여하며 정치적으로 공적도 쌓았습니다.

그는 많은 여인들의 사랑을 받았고, 사랑하는 아내와 단란한 가정을 꾸렸습니다. 그 어느 것 하나도 부러울 것 없어 보였지만, 그는 세상을 떠나면서 이렇게 갈했다고 합니다. "세상 사람들은 나를 행운아라고 부릅니다. 나를 불행을 모르는 사람이라고 생각합니다. 그러나 나는 평생 동안 나 자신이 행복하다고 생각해 본 적이 단 하루도 없었습니다."

영국의 철학자 버트런드 러셀은 말합니다. "인생의 행복에 있어 무엇보다 가장 중요한 것은 마음이다." 행복은 외적인 조건에서 오는 것이 아니라 마음에서 오는 것입니다. 똑같은 조건에서도 마음에 불행이 가득한 사람이 있고, 반대로 행복한 마음으로 살아가는 사람이 있습니다. 자신의 마음이 어느 쪽을 선택하느냐에 따라 차이가 만들어집니다.

시인 이해인 수녀의 '1%의 행복'이라는 시가 있습니다. "저울에 행복을 달아/불행과 행복이 반반이면/저울이 움직이지 않지만/불행 49% 행복 51%면/저울이 행복 쪽으로 기울게 됩니다." 행복이란, 마음을 1% 더 기쁘고 즐거운 쪽으로 기울이고, 생각을 1% 더 긍정적인 쪽으로 기울이는 의지적 선택입니다.

인생의 두 가지 길, 행복의 길과 불행의 길 위에서, 어느

길로 갈 것인가를 선택하는 것은 전적으로 자신의 마음입니다. 사람은 행복해지기로 마음먹은 만큼 행복해집니다.

부자 국가를 넘어서 행복한 국가로…

세계 10대 경제 대국, 국민소득 2만 달러로 선진국 문턱에 들어선 대한민국. 그러나 행복에 관해서는 아직도 후진국입니다. 영국의 신경제재단(NEF)이 발표한 '국가행복지수' 순위에서 한국은 세계 178개국 중 102위를 차지했습니다.

우리의 과제는 이제 부자 국가를 넘어서 행복한 국가로 나아가는 것입니다. 국민이 행복한 국가를 만들어야 합니다. 국민이 행복하면 개인의 창의력도 높아지고 생산성의 질도 높아져서, 결국 국가경쟁력도 높아지게 됩니다. 국민의 행복이 국가 발전을 한층 더 업그레이드시키는 것입니다.

이 책은 바로 그 행복한 인생, 행복한 국가가 되는 길을 찾아가는 여정입니다. 행복의 지혜를 찾아가는 이 여정에 당신을 초대합니다.

청평 화야산 언덕에서

김성광(金聖光) 목사

CONTENTS

이 책은……

행복을 선택하는 지혜를,
그리고 행복한 국민, 행복한 국가를 만드는 지혜를
가르쳐 주고 있다.

첫 번 째 이 야 기

행복은 선택이다

행복한 나 … 행복 선택 7가지

세상은 생각하기 나름이다 · 외모가 아니라 마음을 가꿔라 · 걱정의 장애물을 없애라 · 행복을 살리는 감사, 행복을 죽이는 불평 · 욕심이 아닌 열심을 품어라 · 어제에 얽매이지 말고 오늘을 살아가라 · 인생 최대의 행복은 하나님 가까이에 있는 것

세상은 생각하기 나름이다

안암동 고대 앞 사거리의 명물, '영철 버거'. 돼지고기 뒷다리 살에 양파, 청양고추, 양배추 등의 고급 재료를 듬뿍 넣어 푸짐하게 만든 단돈 1000원짜리 햄버거와 무한 리필되는 콜라는 주머니가 가벼운 대학생들에게 인기 만점 메뉴입니다. 하지만 '영철 버거'가 특별한 이유는 비단 햄버거 때문만은 아닙니다. '영철 버거'의 사장 이영철 씨는 노점상으로 힘들게 번 돈을 절약해 벌써 3년째 2천만 원씩을 고려대에 장학금으로 기탁하고 있습니다. 또한 인생의 선배로서 고대생들의 고민거리를 상담해주는 맏형 노릇을 톡톡히 하고 있습니다.

이영철 씨는 일찍 아버지를 여의고 가난한 집안 형편 때문에 초등학교 4학년을 마친 후부터 공장에서 일하며 가족의 생계를 책임져야 했습니다. 초등학교 중퇴의 학력 때문에 군대에도 가지 못하고, 넓은 세상으로 나갈 기회도 잡지 못한 채, 그는 중국집 배달원 등 여러 직업들을 전전하며 다람쥐 쳇바퀴 돌 듯 생활해야 했습니다. 어느 날 공사판에서 허리를 다쳐 더 이상 일을 하지 못하게 된 그는 마지막이라는 생각으로 2000년 9월, 전 재산 2만 2천원을 털어 고대 앞에서 햄버거 노점상을 시작했습니다.

30대의 청년이 나이어린 대학생들에게 굽실거려가며 햄버거 장사를 한다는 것이 마음처럼 쉽지는 않았습니다. 리어카를 끌고 나가면 마치 사람들이 다 자기만 쳐다보는 것 같아 괜스리 주눅이 들기도 했습니다. 하지만 그는 천성이 긍정적인 사람이었습니다. 가까이에서 본 엘리트라는 사람들도 나름대로 부족함이 있고, 삶의 애환을 가지고 있다는 것을 알게 되었습니다.

그는 생각을 바꿔서 가게를 찾아오는 대학생들을 동생으로 여기고, 진심으로 대하면서 인생 상담까지 해주었습니다. 그가 그들에게 관심을 보이고 아낌없는 조언을 해 주자,

어느덧 고대생들은 그를 인생의 큰형님으로 여기기 시작했습니다. 그가 생각을 바꾸자 32년간 냉대와 차별로 한탄해 왔던 세상이 오히려 감사하게 느껴졌고, 자칫 질시의 대상이 될 만한 명문대 학생들이 오히려 친구로 여겨졌습니다. 그는 이렇게 10년간 행복에 취해 열심히 일했고, 귀한 땀의 대가로 어엿한 가게를 마련하게 되었습니다. 그 이후 자신에게 신의를 보여준 고대생들과 함께 기쁨을 나누고 싶어서, 아직도 어려운 형편이지만 매년 2천만 원씩을 장학금으로 기탁해오고 있는 것입니다.

이렇게 화제가 된 그의 햄버거 가게는 언론을 타면서 더욱 유명해져, 이제 그는 고대 앞 본점에 이어 종각 직영점을 열게 되었으며 지금은 신설동점을 개점할 계획으로 바쁜 날을 보내고 있습니다. 그는 자신의 목표는 돈이 아니라 사람들에게 희망을 나눠주는 것이라고 말합니다.

"저는 꿈을 만들어 가고 있다고 생각합니다. 초등학교 4학년밖에 안 나온 제가 발전하고 변해가는 걸 보여주고 싶어요. '노력하면 될 수 있다' 는 걸 말이에요. 진흙탕 속의 저를 꺼내 준 사회에 대해 감사하는 의미에서 수익금은 모두 사회에 환원할 예정입니다."

이 세상에 모든 조건을 다 갖추고 태어나는 사람은 없습니다. 남들의 부러움을 받으며 부잣집에 태어난 사람도 남이 모르는 가정의 어려움이나 상처를 가지고 있기 마련이고, 얼굴이 잘생긴 사람이 오히려 외모 때문에 오해를 받거나 남들의 시기를 받아 난처한 일을 당하는 경우도 있습니다. 머리가 똑똑한 사람은 사회성이 부족해서 외톨이가 되기도 하고, 예술적 재능이 있는 사람이 계산에 둔해서 손해를 보기도 하며, 계산에 빠르고 사업가 기질이 있는 사람은 진실성이 부족하다는 편견으로 마음고생을 하기도 합니다. 모든 사람은 다 부족한 가운데서 태어나고 부족한 가운데서 살아갑니다. 그 출발점을 인정하고 시작해야 합니다.

세상은 항상 공평하고 항상 정의로운 곳이 아닙니다. 세상에는 항상 선과 악, 의와 불의가 공존해 있습니다. 세상을 공평하게 만들겠다고 공산주의 혁명이 일어나기도 했지만 이제 역사는 그것이 거짓되고 실패한 혁명임을 증명하고 있습니다. 그런 유토피아는 현실 세계에 없습니다.

세상을 바꾸려들면 불행해집니다. 세상이 아니라 생각을 바꿔야 합니다. 우리의 인생은 우리의 생각에 의해 만들어지기 때문입니다. 생각이 바르고 긍정적인 사람은 불행한 조건에서도 행복을 일구어내지만, 생각이 바르지 못하고 부정적인 사람은 행복한 조건에서도 불행의 결실을 거둡니다. 그러므로 자신의 인생이 남보다 더 불행한 조건을 가졌다고 생각된다면, 세상의 조건이 아니라 그 조건에 대처하는 자신의 마음가짐을 바꾸도록 노력해야 합니다.

유대인들이 자녀에게 적극적이고 긍정적인 생각을 길러 주기 위해서 잘 사용하는 이야기가 있습니다. 바로 '다윗과 골리앗' 이야기입니다. 다윗은 15세의 어린 소년으로 부모님의 양을 치는 목동이었고, 골리앗은 키가 2.9m가 넘는 거인으로 블레셋 군대의 장군이었습니다. 이스라엘과 블레셋 사이에 전쟁이 일어나 두 군대가 대치하고 있는 상황에서, 장군 골리앗이 이스라엘 진영을 향하여 조롱하며 자신 있으면 한판 붙자고 했을 때, 사람들은 '골리앗이 너무 커서 도저히 쓰러뜨릴 수 없다'고 생각하며 아무도 나서지 않았습니다. 그러나 다윗은 생각이 달랐습니다. '골리앗이 저렇게 크니 어디에 돌을 던지든지 맞힐 수 있는 가능성이 크겠구나'라고 생각하며 당당히 전쟁터로 나갔습니다. 그리고 하나님의 이름을 의지하여 자신 있게 물맷돌을 던졌습니다.

결과는 다윗이 생각한 그대로였습니다. 그의 물맷돌은 거인 골리앗을 맞혀 쓰러뜨렸으며 다윗은 전쟁을 승리로 이끌었습니다.

생각이 결과를 만들어냅니다. 어떤 일이든 긍정적이고 적극적으로 생각하고 도전하면 생각대로 좋은 결과를 얻게 됩니다. 행복한 생각, 성공의 생각을 하십시오. 생각이 변하면 인생도 변합니다. 그리고 이런 생각의 변화들이 모일 때 진짜로 세상이 변화됩니다. 행복한 생각이 행복한 인생의 시작입니다.

우리 인생은 생각에 의해 만들어집니다.
어제 당신의 생각이 오늘을 만들었고,
오늘 어떤 생각을 가지느냐에 따라 내일의 당신이 만들어집니다.

한 초등학교에서 IQ 테스트를 실시했습니다. 그리고 며칠 후 선생님은 반 아이들에게 각자의 IQ 수치를 알려주었습니다. 그런데 웬일인지 3명의 아이들에게는 IQ를 알려 주지 않고 따로 불러 교무실로 따라오게 하셨습니다. 선생님을 따라 교무실로 간 아이들은 불안했습니다. 아니나 다를까 이 아이들은 IQ 테스트 점수가 너무 낮게 나왔기 때문에 혹시라도 친구들에게 놀림을 받을까봐 선생님께서 조용히 불러 IQ를 알려주신 것입니다.

IQ 85점. 그 중 한 소년은 자신의 IQ를 확인하고는 충격에 빠졌습니다. 소년은 마음속으로 부모를 원망했습니다. '왜 우리 부모님은 나에게 뛰어난 두뇌, 우수한 유전자를 물려 주지 않으셨을까? IQ 85가 도대체 뭐람?'

소년은 한동안 마음이 잡히지 않아 방황했습니다. 더 이상 공부도 할 수 없을 것 같았습니다. 아예 공부 같은 것은 포기해야겠다는 생각도 들었습니다. 하지만 어느 한 순간 정반대의 생각이 소년의 머리를 스치고 지나갔습니다.

'그래! 난 다른 애들보다 머리가 나쁘구나. 어쩔 수 없지. 남보다 더 열심히 공부해야겠다. 그래야 남들을 따라갈 수 있겠구나.'

그 후로 소년은 정신을 바짝 차렸습니다. 매일 새벽 4시 반이면 일어났습니다. 그리고 남보다 몇 배 더 노력했습니다. 이 피나는 노력으로 소년은 성장하여 원하는 학교에 진학하게 되었습니다. 그리고 직장생활을 거쳐 건설 회사를 경영하는 CEO가 되었습니다.

리모델링 전문업체 ㈜코렘시스 홍명희 사장이 한 리더십 강연에서 밝힌 자신의 이야기입니다.

어떤 생각을 선택하느냐에 따라서 그 결과가 달라집니다. 남들보다 좀 부족한 여건에 놓여 있다면 생각을 바꾸어 보십시오. 이 어려운 여건은 성공과 행복한 삶을 위한 훈련의 장이라고 말입니다. 그리고 결국은 어려움을 이기고 행복한 시간을 맞게 될 것이라고 생각하십시오.

행복한 생각을 선택하면 행복한 인생을 살게 됩니다.

외모가 아니라
마음을 가꿔라

2007년 7월 30일 밤 11시 30분, 한강로 1가에서 한 음주 운전자가 6중 추돌사고를 냈습니다. 이 사고로 23세의 명문 여대생 한 명이 전신에 55%, 3도 화상을 입고 중환자실로 실려 갔습니다. 그녀는 죽음의 문턱에서 간신히 살아났지만, 겉모습은 끔찍하게 변하고 말았습니다. 다섯 번에 걸친 피부이식수술에도 불구하고 얼굴 형체는 알아볼 수 없을 정도로 손상되었고, 양쪽 손가락 중 8개는 한 마디씩 절단되었습니다. 그녀는 3급 장애인 판정을 받았습니다.

얼굴 전체의 화상을 입은 환자들은 대부분 자살을 생각한다고 합니다. 하지만 그녀는 절망스러운 상황과 고통을 잘 이겨내고 자신의 꿈을 위해 노력하며 행복한 제2의 인생을 살고 있습니다. 더욱이 그녀는 자신의 홈페이지를 통해서 절망에 빠진 사람들을 위로하고 그들에게 희망을 주는 메신저 역할까지 하고 있습니다. 그녀가 바로 TV 〈인간극장〉 '지선아 사랑해' 편으로 유명해진 이지선 양입니다.

그녀는 말합니다. "누군가 제게 물었습니다. 예전의 모습으로, 사고 나기 전 그 자리로 되돌려준다면 어떻게 하겠냐고. 바보 같다고 할지 모르겠지만… 제 대답은 '되돌아가고 싶지 않다' 입니다. 또 누군가는 진짜냐고, 진심이냐고 묻겠지만, 저는 지금 이 모습이라도 행복하고 기쁩니다. 지금 이 모습의 저도 지선이고 예전의 지선이도 저니까요."

그녀는 외모가 아닌 진실한 자기 존재의 가치를 잘 알고 있었습니다. 그녀는 현재 유학을 떠나 미국에서 사회복지학을 공부하며, 재활상담사 인턴 과정까지 잘 마쳤습니다.

그녀는 아름답습니다. 비록 예전 그녀의 예쁜 외모는 볼 수 없게 되었지만, 그보다 더 예쁜 그녀의 마음을 볼 수 있게 되었습니다. 러시아의 작가 톨스토이의 말이 생각납니다. "사람의 아름다움은 외모에 있는 것이 아니라 내면에 있다. 이웃에 대한 사랑과 깨끗한 인격이 진정한 아름다움이다."

요즘 대한민국은 얼짱, 몸짱 붐으로 그야말로 외모지상주의가 판을 치고 있습니다. ‘성형공화국’이라는 불명예스러운 닉네임까지 붙었습니다. 한 여론조사에 따르면 여대생 80%가 ‘예뻐진다면 성형수술을 하겠다’고 대답했다고 합니다. 고등학교를 졸업할 때 아예 졸업선물로 성형수술을 해 주는 것이 유행이라고 합니다. 젊은 여성뿐 아니라 50~60대 여성들까지도 젊어 보이고 싶어서 성형수술을 많이 받는다고 합니다. 성형수술이 이렇게 성행하면서 수술 부작용으로 고통받는 사람들도 늘어났습니다. 쌍꺼풀 성형수술 부작용으로 한쪽 눈이 감기지 않게 된 한 여자 연예인의 눈물어린 호소가 인터넷 상을 뜨겁게 달구는가 하면, 극심한 부작용으로 ‘선풍기 아줌마’가 된 한 여인의 재활을 온 국민이 염원하기도 했습니다.

사람들은 얼짱, 몸짱만 되면 인생이 바뀌고 행복해질 것이라고 생각합니다. 하지만 정말로 그럴까요? 세기를 뛰어넘는 미인으로 불리던 아주 유명한 여배우가 있었습니다. 미국의 마릴린 먼로입니다. 그녀는 당시 섹시 심벌로 불리며 폭발적인 인기를 얻었습니다. 그러나 그녀의 인생은 행복하지 않았습니다. 세 번의 결혼 실패와 대통령과의 스캔들로 사생활이 불행했고, 우울증에 시달리다가 약물 중독에 빠져 결국 자살로 인생을 마감했습니다. 그녀는 마지막 죽음 직전에 이런 말을 남겼습니다.

"나는 여자로서 가질 수 있는 것은 모두 가졌습니다. 젊음과 아름다움도 가졌고, 돈도 넘쳐 나며 많은 사람들의 사랑을 받으니 외롭지도 않습니다. 그런데 왜 이렇게 공허하고 불행하다는 생각이 들까요?"

행복한 삶과 불행한 삶을 결정하는 것은 외모가 아니라 마음입니다. 마음이 건강하고 아름다워야 행복한 삶을 살 수 있습니다. 마음이 건강한 사람은 큰 불행도 작게 여기고 이겨낼 수 있지만, 마음이 병든 사람은 조그마한 불행도 확대해서 스스로 큰 불행으로 만들어 버립니다. 그녀는 외모는 아름다웠지만 마음에는 깊은 병이 들어 있었던 것입니다.

얼굴이 못생겨도 성공하고 행복하게 사는 사람은 얼마든지 있습니다. 철학의 시조라고 불리는 소크라테스는 키가 작고 얼굴도 울퉁불퉁했으며 코는 찌그러졌고 두 눈은 튀어나온 볼품없는 사람이었습니다. 그러나 그는 역사상 가장 존경받는 철학자입니다. 미국의 16대 대통령 아브라함 링컨은 다리와 팔이 길다고 '고릴라'라는 별명을 가지고 있었지만 미국의 역대 대통령 중에서 가장 존경받는 대통령이 되었습니다. 러시아의 세계적인 문호 톨스토이도 사춘기 시절에 못생긴 외모 때문에 심한 열등의식에 빠졌었다고 합니다. 그러나 그는 그 열등의식을 이겨내고 위대한 문학가가 되었습니다. 이스라엘의 총리를 지낸 여성 정치가 골다 메이어는 자신의 자서전에서 "나는 내 얼굴이 못생긴 것을 참으로 다행하게 생각하고 하나님께 감사한다. 다른 사람보다 못생겼기 때문에 나는 다른 사람보다 열심히 공부했고, 하나님 앞에 열심히 기도했다"라고 밝히고 있습니다.

우리가 잘 아는 독립운동가 백범 김구 선생도 얼굴이 그렇게 잘생긴 편은 아니었습니다. 한때 관상에 심취했던 김구 선생이 어느 날 관상 이론에 맞춰 자신의 얼굴을 꼼꼼히 살펴보았는데, 아무리 살펴봐도 자기 얼굴에는 부귀가 보이지 않고 온통 흉하고 천한 모습만 비쳤다고 합니다. 그러다가 우연히 한 책에서 '얼굴보다는 몸이, 몸보다는 마음이 더 중요하다'는 글을 읽고는 바로 관상학에 대한 관심을 접었습니다. 그리고 교회 권사이신 어머니의 인도로 교회에 나가 예수님의 마음을 배우게 되었습니다. 우리는 아무도 김구 선생의 외모를 가지고 왈가왈부하지 않습니다. 다만 선생의 나라를 사랑하는 아름다운 마음만을 기억할 뿐입니다.

미국의 심리학자 윌리엄 제임스는 "사람은 자기 마음의 자세를 바꿈으로써 그 인생도 바꿀 수 있다"고 말했습니다. 불행한 과거를 버리고 새로운 인생을 살기 원할 때 가장 먼저 해야 할 것은 바로 마음을 바꾸는 것입니다. 새로운 인생, 행복한 인생은 마음에서부터 시작됩니다.

외모를 가꾸기보다 마음을 가꾸십시오. 마음속에 쌓이는 더럽고 추악한 생각들, 불행하고 우울한 감정들을 날마다 씻어내십시오. 잘 가꾸고 다듬어진 마음에 행복의 열매가 맺히는 법입니다. 행복은 마음먹기에 달렸습니다.

마음이 곧 인생의 터전입니다.
그 안에서 천국이 만들어지기도 하고, 지옥이 만들어지기도 합니다.

승한이 누나는 일찍 부모님을 여의는 바람에 중학교를 중퇴하고, 이 일 저 일을 하며 동생 승한이를 키웠습니다. 승한이에게 누나는 곧 어머니였습니다. 고생 끝에 누나가 얻은 안정적인 직업은 택시 운전이었습니다. 마음씨 착한 승한이 누나는 승차거부 한번 한 적 없었습니다. 그렇게 번 돈으로 승한이를 의대에 보냈습니다.

그런데 뜻밖의 사건이 일어났습니다. 음주운전을 한 덤프트럭이 중앙선을 넘어와 누나의 택시와 충돌한 것입니다. 누나는 이 사고로 두 다리를 쓰지 못하게 되었습니다.

그런데 승한이에게 또 하나의 문제가 생겼습니다. 결혼식을 얼마 앞둔 약혼녀가 그런 장애인 누나를 모시고 산다면 결혼할 수 없다고 한 것입니다. 승한이는 어머니 같은 누나를 버릴 수 없다고 버텼습니다. 약혼녀의 집안에서는 파혼을 선언했습니다. 승한이는 세상에서 가장 아름답다고 생각했던 여인이 이럴 줄은 상상도 못 했습니다. 결국 승한이는 약혼녀를 포기했습니다.

실연의 아픔에서 벗어날 즈음 어느 늦은 오후, 승한이는 누나가 후원하는 고아원을 방문하기 위해 집을 나섰습니다. 1시간을 넘게 택시를 잡으려고 애썼지만 휠체어에 앉은 누나를 보고 택시들은 모두 도망쳤습니다. 그 때 택시 한 대가 멈추더니 뒤편 트렁크가 열렸습니다. 운전기사는 놀랍게도 젊은 여자였습니다. 승한이가 누나를 택시에 태우는 동안 여기사는 휠체어를 접어 트렁크에 실었습니다.

고아원에 도착했을 때 날은 이미 어두워져 있었습니다. 승한이가 택시에서 내려 누나의 휠체어를 밀고 고아원으로 올라가는 동안, 택시는 헤드라이트를 비춰 둘이 걸어가는 길을 안내해 주었습니다. 승한이는 그녀의 모습이 너무나 아름다워 보였습니다. 결국 승한이는 그 여자 택시기사와 결혼해서 누나와 함께 행복하게 살게 되었습니다.

한 수필집에서 읽은 '세상에서 가장 아름다운 여자' 이야기입니다. 외모의 아름다움보다 마음의 아름다움이 더 큰 감동과 사랑을 이끌어냅니다. 눈에 보이지 않는 아름다움을 발견하는 것, 그것이 행복을 만드는 지혜입니다.

걱정의 장애물을 없애라

행복을 가로막는 가장 큰 장애물은 바로 '걱정과 근심' 입니다.

한 아버지가 노처녀 딸 때문에 걱정이 이만저만이 아니었습니다. 서른이 훌쩍 넘은 나이에도 결혼할 생각은 전혀 하지 않고, 맞선을 봐도 마음에 들지 않는다고 하니 부모는 애가 탔습니다. 늘 말버릇처럼 주위 사람들에게 말했습니다. "나는 이 딸만 시집가면 걱정이 없겠어."

그런데 어느 날 이 노처녀 딸이 결혼을 하겠다며 사윗감을 데리고 왔습니다. 그 아버지는 일사천리로 결혼식을 진행시켰습니다. 주위 사람들은 축하의 인사를 전했습니다. "이제 걱정이 없어졌으니 얼마나 좋으시겠어요.”

하지만 아버지의 대답은 뜻밖이었습니다. “아닙니다. 늦은 나이에 시집을 갔으니 자식을 제대로 낳을지 걱정이네요.” 그 딸은 시집을 가자마자 건강한 아이를 낳아 아버지의 우려를 말끔히 씻어냈습니다. 주위 사람들은 이제는 그 아버지의 근심이 없겠거니 생각했지만 천만의 말씀입니다. 그 아버지는 또 걱정하기 시작합니다. “이 철부지 딸이 자식이나 잘 기를지….” 이래저래 걱정에 빠진 아버지는 행복할 틈이 없었습니다.

물론 아버지는 자식을 사랑하는 마음으로 걱정을 시작한 것이지만, 사실 이런 걱정은 쓸데없는 우려일 뿐입니다.

캐나다의 베스트셀러 작가 어니 젤린스키는 근심의 유형에 대해 연구했습니다. 그의 조사 결과에 의하면 ‘걱정의 40%는 절대 현실로 일어나지 않는 일이고, 30%는 이미 일어난 일에 대한 것이고, 22%는 사소한 것이며, 4%는 우리 힘으로 어쩔 도리가 없는 일에 대한 것이고, 나머지 4%만 우리가 바꿔 놓을 수 있는 일에 대한 것’이었습니다. 결국 걱정 중 96%는 쓸데없는 걱정이라는 것입니다.

걱정은 마치 늪과 같습니다. 처음에는 느끼지 못할 만큼 조금씩 빨려 들어가지만 나중에는 쉽게 발을 뺄 수 없을 만큼 깊숙이 빠지게 됩니다. 이렇게 걱정에 집착하게 되면 마음의 평안을 빼앗기고, 결국 정상적인 생활이 어려워 불행한 인생을 살게 됩니다. 과도한 걱정은 일종의 ‘병’이라는 사실을 기억해야 합니다.

광명시의 한 병원 원장은 걱정이 얼마나 큰 병인지를 자신의 경험을 통해서 이야기해 주고 있습니다. 그는 의사가 되겠다는 꿈을 가지고 열심히 공부해서 의대에 입학했습니다. 그리고 120명 중에서 15등 안에 들어야 가능한 내과 전공을 선택하기 위해 그는 밤낮으로 열심히 공부했습니다.

드디어 그는 내과를 전공하게 되었고 인턴생활을 시작했습니다. 인턴생활은 생각보다 많이 어려웠습니다. 새벽부터 밤늦게까지 환자를 돌보아야 했고, 하는 일도 많았습니다. 몸은 피곤에 지치고, 스트레스가 쌓여갔습니다. ‘과연 내가 이 과정을 무사히 마치고 의사가 될 수 있을까?’ 걱정이 되기 시작했습니다. 조금씩 시작된 걱정은 자신도 모르게 마음을 사로잡았고, 그는 불안감과 초조함에 빠져들어 갔습니다.

의사가 되겠다는 신념도 흔들렸습니다. 의사가 되면 과연 자기 인생이 행복할지 의심되기 시작했습니다. 걱정의 포로가 되어 그는 결국 '불안신경증세'에 시달리게 되었습니다. 불안과 두려움, 공포 속에서 잠도 제대로 자지 못했고, 자신은 의사가 되지 못할 것이라는 부정적인 생각에 사로잡히게 되었습니다.

일주일 동안 병원에도 출근하지 않고 근심에 눌려 고통 받던 그는 어느 날 문득 주일학교에서 배운 하나님이 기억났습니다. 그리고 성경을 읽었습니다. "두려워 말라 내가 너와 함께 함이니라 놀라지 말라 나는 네 하나님이 됨이니라 내가 너를 굳세게 하리라 참으로 너를 도와주리라 참으로 나의 의로운 오른손으로 너를 붙들리라" ^{사41:10}는 말씀이 눈에 들어왔습니다. 그는 성경대로 기도하기 시작했고, 마음속의 걱정과 싸웠습니다. 그러자 어떤 어려운 환경도 모두 극복할 수 있을 것이라는 믿음과 용기가 생겼습니다. 그는 병원에 다시 출근을 했습니다. 이제는 항상 주머니에 성경을 넣고 다니면서, 부질없는 걱정이 슬그머니 머리를 쳐들 때마다 그 말씀을 읽으며 싸웠습니다. 그러면 곧 불안한 마음이 사라지고 평안이 마음에 가득 찼습니다.

이후 그는 레지던트 과정까지 무사히 마치고, 미국의 뉴욕 주립대학 암연구소에서 공부하여 암 전문의사가 되었습니다.

이 병원 원장의 예처럼 아무리 능력 있는 사람이라도 걱정에 사로잡히면 자신의 능력을 제대로 발휘하지 못하게 됩니다.

걱정은 인생 최대의 적입니다. 걱정이라는 말은 영어로 'worry' 입니다. 이 말에는 '사냥개가 짐승을 물고 흔들다' 라는 의미가 있습니다. 마치 사냥개가 사냥감의 목덜미를 물고 흔들어서 죽음으로 몰아가듯이, 걱정은 우리의 삶을 흔들어 놓은 후 서서히 죽어 가게 만듭니다. 그래서 염려를 '느린 형태의 자살' 이라고 말하기도 합니다.

반드시 걱정과 싸워서 이겨야 합니다. 노벨 생리의학상을 받은 프랑스의 외과의사 알렉시스 카렐 박사는 "근심과 싸우는 방법을 모르는 사람은 일찍 죽는다"라고 말했습니다. 현대의 많은 병이 염려 때문에 생긴 '염려병' 이라고 합니다. 염려는 위장병, 류마티스 관절염, 심장병, 고혈압 등의 원인이 될 뿐 아니라, 암까지 일으킨다고 합니다. 걱정과 근심은 생명을 좀먹는 독약입니다. 마음에서 걱정을 몰아내십시오.

당신이 걱정해서 해결할 수 있는 문제는 인생의 4%밖에 없습니다. 차라리 걱정하지 말고 용감하게 부딪히십시오. 걱정이 없어지면 오히려 문제도 가벼워집니다. 걱정의 장애물을 없애야 행복의 길이 열립니다.

내일 일을 미리 걱정할 필요 없습니다.
이미 저질러진 불행도 자꾸 근심하지 마십시오.
엎질러진 물은 그릇에 다시 담을 수 없습니다.
쓸데없는 걱정으로부터 벗어나는 것이 마음의 평화를 얻는 길입니다.

드라마 PD는 시청률 0.1%에 울고 웃습니다.

TV드라마 제작업체 로고스필름의 이장수 대표 역시 그랬습니다.

MBC, SBS의 드라마 PD 출신인 그는 이병헌, 심은하, 정우성 등을 스타로 키워내며 시청률 30%가 넘는 드라마를 만들어낸 스타 PD였지만 언제나 시청률 공포 속에 살아야 했습니다. 엄청난 자금을 투자해서 만드는 드라마라서 성공하지 않으면 안 된다는 무거운 책임감을 느꼈습니다. 그런데 대중은 참으로 변덕스러워서 시시각각 변했고, 그 대중의 기호를 좇아 인기 드라마를 만들자니 그는 심적인 압박감에 못 이겨 종종 가위에 눌리곤 했습니다. 하루도 편할 날이 없었습니다. 시청률 걱정 때문에 잠을 이루지 못하는 극심한 우울증에 걸리기도 했습니다.

그러던 그가 아내를 따라 교회를 한번 가보았습니다. 매일 조르는 아내를 차마 거절하지 못하고 마지못해 따라나선 것입니다. 그는 자신의 고민을 좀 해결해 달라는 기도를 하였습니다. 그렇게 시작한 신앙생활이 그에게는 숨통을 트이는 해방구가 되었습니다. 기도를 하고 나면 마음이 편안해지고 기쁨이 넘치면서 우울증이 사라졌습니다. 날마다 성경을 읽으며 하루를 시작하게 되었습니다. 그러자 걱정과 불안으로 하루를 시작하던 예전과는 다른 삶을 살게 되었습니다.

그는 2000년 드라마 제작업체 사업을 시작하면서 '말씀'이란 뜻의 '로고스'를 사업체 이름으로 정했습니다. 로고스 필름은 '천국의 계단', '러브인 하버드', '별을 쏘다' 등의 히트작을 만들면서 크게 성공하여, 한국에서 다섯 손가락 안에 꼽히는 제작사가 되었습니다.

걱정과 불안에 붙잡히면 오히려 자신의 재능도 제대로 발휘할 수 없게 되고 맙니다. 마음을 청소하십시오. 마음의 평안만 유지하면 당신이 가진 것 이상의 능력을 발휘할 수 있고, 성공도 행복도 얻을 수 있습니다. 걱정은 행복의 가장 큰 장애물입니다.

행복을 살리는 감사, 행복을 죽이는 불평

남아프리카 공화국의 최초 흑인 대통령 넬슨 만델라는 흑인 인권운동을 하다가 44세에 구속되어 종신형을 선고 받고, 27년간 지옥 같은 감옥에서 억울한 감옥살이를 해야 했습니다. 감옥에 갇힌 그는 백인들이 증오스러워 미칠 지경이었습니다. 열악한 감옥 환경 때문에 결핵에 걸려 건강마저 악화되자 그의 분노는 극에 달했습니다. 함께 감옥에 갇힌 동료들 중에는 병들어 죽어가는 이들까지 생겨났습니다. 그는 하나님을 향해 따져 물었습니다. "도대체 어떻게 해야 됩니까?" 그 때 그에게 들리는 마음의 소리가 있었습니다. "용서하라." 그는 더 화가 났습니다. 그러나 마음의 소리는

사라지지 않았고 결국 그는 그 마음을 받아들입니다. '백인들을 용서하자!'

그가 마음에 맺혔던 원한을 풀자, 불평이 사라지고 마음속에서 감사가 생겨났습니다. 매일 아침마다 태양을 보며 감사했고, 밤에는 반짝이는 별을 보며 감사했습니다. 다른 죄수들은 노동을 하러 나갈 때마다 원망스러운 마음으로 끌려갔지만 그는 감옥보다 넓은 자연으로 나간다고 생각했고, 하늘을 보고 새소리를 듣는 기쁨으로 일했습니다. 그리고 교도관의 허락을 얻어 작은 텃밭을 가꿔 채소가 자라는 것을 보면서 생명의 신비를 느끼며 감사했습니다. 그러자 그의 마음뿐 아니라 몸의 건강까지 몰라보게 좋아졌습니다.

그가 세계 언론의 주목에 힘입어 72세의 나이로 감옥에서 나올 때 그는 사람들의 예상과는 달리 아주 밝고 건강했습니다. 뿐만 아니라 "나는 아무도 원망하지 않는다"는 그의 인터뷰는 전 세계인을 감동시켰습니다. 그는 세상에 나온 후에도 복수의 칼을 들지 않았습니다. 백인정부를 용서하고, 인종차별과 그로 인한 보복 행위를 없애기 위해서 공존의 방법을 모색했습니다. 그 공로로 그는 1993년 노벨평화상을 받았고, 1994년 5월 남아프리카공화국 역사상 최초로 흑인 대통령에 선출되었습니다. 그는 대통령이 된 후에도 관용과 화해로 흑백공존시대를 열어갔고, 세계적인 지도자로 인정받게 되었습니다.

그리고 대통령직에서 퇴임한 뒤에는 24세 연하의 아내와 재혼하여 90세가 된 지금까지 신나고 행복하게 살고 있습니다. 그의 생일날이면 전 세계 유명 인사들이 모여 축하를 해 주고, 지구촌 곳곳에서 기념행사가 벌어질 정도입니다.

'행복은 언제나 감사의 문으로 들어와서 불평의 문으로 나간다' 라는 서양 속담이 있습니다. 우리가 겪는 모든 불행은 불평과 불만에 뿌리를 두고 있습니다. 어려운 여건 속에서도 주어진 작은 것에 감사하는 사람은 역경을 이겨내고 행복을 만들어 가지만, 아무리 좋은 여건에서도 만족하지 못하고 불평이 가득한 사람은 불행한 인생을 사는 법입니다. 그래서 그리스의 철학자 아리스토텔레스는 "행복은 감사하는 사람의 것이다"라고 말했고, 인도의 시인 타고르도 "감사의 분량이 행복의 분량이다"라고 했습니다. 감사는 행복을 살리고, 불평은 행복을 죽입니다.

행복을 찾는 길은 너무나 단순합니다. 감사하는 것입니다.

감사한 만큼 행복해집니다. 곰곰이 생각해보면 우리의 모든 삶이 감사할 것 천지입니다. 매달 전기요금으로 얼마를 지불합니까? 하지만 전기보다 더 밝은 햇빛을 공짜로 사용하고 있다는 생각은 해보셨습니까? 병원에서 산소마스크를 사용하면 입원비에 보통 30만원의 비용이 추가된다고 합니다. 그런데 우리는 늘 공짜로 산소를 마시고 살고 있습니다. 요즘 석유 값 폭등으로 물가가 들썩이고 못살겠다는 아우성이 터져 나오고 있습니다. 그러나 석유보다 더 귀한 물은 헐값에 사용하고 있습니다. 만약 모든 물에 가격을 매겨 기름 값만큼 비용을 받는다면 어떻게 하겠습니까? 그러니 얼마나 감사합니까?

현대인들은 정말 많은 것을 소유하며 풍족한 삶을 살고 있습니다. 100년 전, 50년 전, 30년 전과 비교하면 과학이 발달해서 놀라울 정도로 생활이 편리해졌고, 경제적으로도 풍요로워졌습니다. 그러나 오히려 감사는 줄고 불평이 늘었습니다. 만족할 줄 모릅니다. 행복지수도 줄어들었습니다.

사람의 심리가 그렇습니다. 걸어 다닐 때는 버스만 생겨도 좋겠다 싶지만, 막상 버스를 타고 다니면 택시를 타고 싶어 합니다. 택시를 타게 되면 자가용이 타고 싶어지고, 자가용을 사게 되면 더 큰 고급 외제 자가용이 가지고 싶어집니다. 이렇게 만족할 줄 모르고 더 좋은 것, 더 좋은 것을 찾다보니 오히려 감사가 줄어든 것입니다. 현대인들은 삶에 필요한 모든 것은 소유하게 되었지만 감사와 기쁨과 행복은 잃어버렸습니다.

얼마 전 신문에, 미국 인디애나 주에 사는 40대 주부 레지나 스티븐스가 자신의 집 앞마당에서 '엄마는 파업 중'이라고 쓰인 표지를 들고 집안일을 전면 중단하는 파업에 들어갔다는 기사가 났습니다. 그녀는 남편과 3명의 자녀, 그리고 며느리와 손자까지 함께 살고 있는 대가족의 주부인데, 아무리 헌신적으로 집안일을 해도 가족들이 전혀 감사를 모르자 파업에 나선 것입니다. 그녀는 "가족들이 나에게 감사하는 것을 배우기 전까지 집안일을 하지 않겠다"고 했습니다.

누구나 지금까지 살아온 데에는 다른 사람들의 도움이 있었습니다. 낳아주고 길러주신 부모님의 도움이 있었고, 가르쳐주신 선생님의 도움, 의사의 도움, 버스 운전기사의 도움, 식당 아주머니의 도움…. 자기 혼자서 이 세상을 살아온 사람은 없습니다. 보이지 않는 곳에서 수고한 많은 사람의 도움으로 우리가 살아온 것입니다. 그러기에 우리는 늘 감사의 마음을 가져야 합니다.

감사는 조건이 아닌 마음의 문제입니다. 로마의 극작가이자 철학자인 세네카는 "인간이 만약 이미 가지고 있는 것에 대해서 불만을 느낄진대, 전 세계를 자신의 것으로 만들었을지라도 인간은 불행할 것이다"라고 했습니다. 불만과 불평은 끝이 없습니다. 어느 때든, 어느 곳에서든 감사를 찾으면 감사가 나오고, 불평을 찾으면 불평이 나오는 법입니다. 자신이 가진 것에 만족하고 감사할 줄 알아야 행복할 수 있습니다.

모든 일에 감사하기로 결심해 보십시오. 그 순간 당신은 세상에서 가장 행복한 사람이 될 것입니다.

세상에서 가장 현명한 사람은 배우는 사람이고,
세상에서 가장 강한 사람은 자기를 이기는 사람이고,
세상에서 가장 행복한 사람은 범사에 감사하는 사람입니다.
유대인의 지혜서 『탈무드』의 가르침입니다.

1981년 1월 11일, 김재홍 씨는 심한 몸살감기에 걸렸습니다. 당시에는 병원 진단서 없이도 동네 약국에서 약을 조제할 수 있었기 때문에, 그는 자연스럽게 동네 약국에서 감기약을 지어 먹었습니다. 그런데 1시간 후 그는 빈사 상태에 빠졌습니다. 온 몸에 열이 나고 화상 환자처럼 빨갛게 부어오르더니 물집이 생겼습니다. 동네 병원 의사가 왕진을 와서 보더니 빨리 큰 병원으로 옮기라고 했습니다.

정밀 검사 결과 '스티븐존슨 병'으로 판명되었습니다. 이 병은 약물부작용에 따른 일종의 면역반응의 이상으로 피부세포가 괴사하는 병입니다. 현대의학으로도 완치할 수 없는 희귀병으로, 치사율도 높았습니다. 그는 12차례나 수술을 받고 고통스러운 투병생활을 했지만, 눈 세포가 괴사되어 결국 시력을 잃고 말았습니다.

어마어마한 병원비에 집도 팔아야 했고, 일도 할 수 없어 아내가 벌어오는 돈으로 생활해야 했습니다. 가슴이 터질 것 같았습니다. 약사도 원망스럽고, 병원도 원망스러웠습니다. 억울하고 원통했습니다. 자살을 결심하기도 했습니다.

이 때 부부가 마지막으로 찾아간 곳이 교회였습니다. 그는 설교를 통해 위로를 받으며 하나님을 알게 되었고, 마음속에서 원망을 지우고 감사를 배우게 되었습니다.

그러자 그에게 기적 같은 일이 생겼습니다. 서울대학교 이진학 교수가 인공각막 시술법을 개발하면서 그에게 이식수술을 시도한 것입니다. 1999년 8월 시행된 수술은 대성공이었습니다. 그는 20년 만에 눈을 뜨고 시력을 되찾게 되었습니다. 그가 눈을 떠 보니 꽃같이 곱던 아내는 50세를 훌쩍 넘은 중년부인이 되어 있었고, 여덟 살, 여섯 살이던 두 딸은 스물여덟, 스물여섯의 처녀가 되어 있었습니다.

남편의 잃어버린 20년 세월을 곁에서 지켜온 아내는 이런 고백을 했습니다.

"당신! 참으로 20년의 힘든 삶을 잘 참고 견디셨습니다 … 어떻게 보면 우리만 겪은 고통 같지만 이 세상엔 우리보다 더 불행한 사람이 많다는 것을 깨닫게 되었어요. 어느새 60 고개를 넘었지만 남은 생애는 행복하게 살아요."

감사는 기적을 불러옵니다.

욕심이 아닌
열심을 품어라

재테크 열풍이 대한민국을 뒤흔들고 있습니다. 『3년 안에 1억 만들기』, 『10년 안에 10억 벌기』, 『39세 100억, 젊은 부자의 믿음』… 재테크 관련 서적들이 베스트셀러 자리를 점령하고 있습니다. 3년 안에 1억을 만들고, 5년 안에 5억, 10년 안에 10억을 만들어, 40세가 되기 전에 100억대 부자가 된다는 논리입니다. 10억 만들기, 100억 만들기 열풍은 전국을 뜨겁게 달궜습니다.

한 신혼부부가 있었습니다. 신랑 신부 모두 30세가 넘은 늦은 나이였기에 남들보다 좀더 재테크를 서둘러야 한다는 마음이 있었습니다. 맞벌이를 하던 이 부부는 신혼 초부터 아내가 돈 관리를 도맡으면서 알뜰하게 저축을 했고, 매월 수입의 70%를 저축한 끝에 거의 대출 없이 5년 만에 내 집 마련에 성공했습니다.

대한민국 부부들의 꿈인 '내 집 마련'에 성공을 했으니 얼마나 행복하겠습니까? 내 집 마련에 성공했을 당시 부부는 너무나 행복했습니다. 그러나 몇 달 후 부부는 이혼 직전의 상태에 놓이게 되었습니다. 가정 상담가가 부부를 만났을 때도 싸움이 그치지 않았고, 서로 불신하는 분위기가 팽배했습니다. 무엇이 문제인지 깊이 파헤쳐봤더니 사건의 발단은 친구 집의 집들이였습니다.

이 부부가 알뜰하게 모아서 20평대 아파트를 마련한 지 두 달 후쯤 아내의 친구가 40평대 아파트로 이사를 했습니다. 그 친구의 초대로 부부도 집들이에 참석했습니다. 이 친구는 부자 부모 덕분에 넓은 아파트를 쉽게 장만한 것입니다. 그런데 아내의 표현을 빌리자면 '정말 눈물이 날 정도로 부러웠다'는 것입니다. 상대적으로 심한 박탈감을 느꼈습니다. 그 이후 부부의 대화는 점점 줄어들기 시작했고, 심지어 아내는 남편의 능력을 한심하게 여겼습니다. 그 후 싸움이 그치지 않았고, 점차 서로에 대한 신뢰도 사라져 버렸습니다. 이 부부는 불행의 늪에 빠지고 말았습니다.

상황은 달라진 것이 하나도 없었습니다. 내 집이 없는 것도 아니고, 어렵게 모은 돈을 사기 당해서 잃은 것도 아니고, 건강을 잃은 것도 아닙니다. 단지 남과 비교해서 느낀 불만족 하나가 5년간 고생해서 이루어 놓은 행복을 순식간에 앗아가 버린 것입니다.

사람의 욕심은 끝이 없습니다. 1000만 원을 벌면 1억 원을 벌고 싶고, 1억 원을 벌면 10억 원을 벌고 싶고, 10억 원을 벌면 100억 원을 벌고 싶은 것이 사람의 마음입니다. 인간의 욕심은 바닥없는 항아리와 같습니다. 아무리 채우려고 해도 채워지지 않습니다. 그러므로 돈에 인생의 행복을 건 사람들은 절대로 행복할 수 없습니다.

노벨 경제학상을 받은 미국의 경제학자 폴 새뮤얼슨은 행복이란 '소유를 욕구로 나눈 값, (행복=소유/욕구)'이란 공식을 제시했습니다. 사람이 마음에 원하는 욕구보다 현재 소유하고 있는 것이 많으면 행복하게 느끼고, 마음에 원하는 욕구가 현재 소유보다 더 많으면 불행하게 느낀다는 것입니다. 마음속에 1억 원만 있으면 좋겠다고 소원하는 사람은 2억 원만 가지면 행복하지만, 마음속에 10억 원만 있으면 좋겠다고 소원하는 사람은 2억을 가지면 불행합니다.

그러기에 행복하려면 둘 중에 하나를 하면 됩니다. 소유를 늘리거나, 마음속의 욕구를 줄이는 것입니다. 그런데 문제는 '욕심은 끝이 없다'는 데 있습니다. 소유를 늘려서 만족을 얻는 것은 거의 불가능합니다. 미국의 역대 최고 부자였던 스탠더드 석유회사 창립자 록펠러에게 사람들이 질문했습니다. "당신은 세상에서 돈이 제일 많은 사람입니다. 그리고 지금도 계속해서 많은 돈을 벌어들이고 있습니다. 대체 어느 정도의 돈을 벌어야 만족하시겠습니까?" 그러자 록펠러는 웃으면서 이렇게 대답했습니다. "조금만 더요." 세계 최고 부자도 좀 더 가졌으면 합니다. 욕심은 끝이 없습니다.

행복한 삶을 살려면 욕심을 버려야 합니다. 마음에 욕심이 없으면 작은 것에도 얼마든지 만족하고 행복할 수 있지만, 마음에 욕심이 가득하면 아무리 많이 가져도 만족하지 못하고 불행합니다. 행복의 가능성은 '얼마나 돈을 많이 가졌는가?'에 달린 것이 아니라, '얼마나 만족할 수 있느냐?'에 달린 것입니다. 욕심이 많으면 절대로 행복할 수 없습니다.

욕심을 버리고 '열심'으로 사십시오. 열심(熱心)은 욕심과는 다릅니다. 열심이란 '어떤 일에 온 정성을 다하여 골똘하게 힘쓰는 마음'이라는 뜻입니다. 열심히 사는 사람은 떼돈을 벌기 위해서, 부자가 되기 위해서 욕심을 내기보다는 자신의 삶을 소중히 여기며 열정을 가지고 날마다 성실하게 일합니다. 그렇기 때문에 일을 하는 과정에서도 힘든 줄 모르고 즐겁고 행복하게 일할 수 있고, 이런 열심의 결과로 성공도 하고 부자가 되기도 하는 것입니다.

옛날에 이탈리아의 한 영주가 자신의 정원을 산책하고 있었습니다. 그런데 한 젊은 정원사가 열심히 정원을 손질하고 있는 것이 보였습니다. 자세히 보니 정원사는 나무 화분에 작은 꽃을 열심히 조각하고 있었습니다. 영주는 물었습니다. "그렇게 보이지 않는 곳까지 손질한다고 품삯을 더 받을 수 있는 것도 아닐 텐데 왜 그렇게 열심히 하는가?" 그러자 정원사는 대답했습니다. "저는 이 정원을 사랑합니다. 그리고 제 임무는 이 정원을 아름답게 만드는 것이고, 저는 이 일이 즐겁습니다." 영주는 정원사의 말에 감동을 받아 그가 전문적으로 조각을 공부할 수 있도록 후원해 주었습니다.

이 정원사가 바로 이탈리아 르네상스 시대의 최고 화가이자 조각가인 미켈란젤로입니다.

욕심과 열심은 언뜻 비슷해 보이지만 그 결과는 전혀 다릅니다. 욕심의 끝은 불행과 파멸이지만, 열심의 끝은 행복과 성공입니다. 열매가 다릅니다.

행복학의 최고 권위자인 미국의 긍정심리학자, 펜실베니아 대학의 마틴 셀리그먼 교수는 "행복한 인생을 살려면 항상 즐겁게 살고, 무언가 열심히 집중해서 하라"고 조언합니다. 심리학자들의 연구결과에 의하면 어떤 일에 열중하고 몰입하다 보면 두뇌활동이 최대가 되면서 즐거움과 행복감을 느끼게 된다고 합니다. 그리고 자신의 능력을 최대로 발휘하게 되어 성공도 이루게 된다고 합니다.

욕심을 버리고 열심을 품으십시오. 욕심 없는 순수한 열심과 열정은 당신의 삶을 풍요롭고 행복하게 만들어 줄 것입니다.

사람은 누구나 한 번쯤 자신의 인생을 돌아볼 때가 있습니다. ㈜칠성섬유 주수일 회장도 그런 시기가 있었습니다. 1970년대 아버님이 시작한 원사 도매업을 이어받아 경영을 맡으면서 사업을 키워보려고 전력을 다할 때였습니다. 일 속에 파묻혀 살았지만, 갑자기 불어 닥친 오일 쇼크와 불경기는 회사를 부도 직전까지 몰고 갔습니다. 근심과 스트레스 속에서 먹지도 못하고 잠도 자지 못하게 되었습니다. 심한 위장병과 불면증, 신경쇠약으로 건강도 잃어버렸고, 더 이상 자기 몸 하나 지탱하지 못할 지경이 되었습니다. 병원에 입원을 한 후에도 회복이 어려워 1년간 사업에서 손을 떼고 요양을 해야 했습니다. 그 때 그는 자신의 인생을 돌아보게 되었습니다.

돈 욕심 외에 아무 것도 없었습니다. 사랑하는 아내와 결혼하여 가정을 이루었지만, 바쁜 사업에 가정은 뒷전으로 밀려, 이혼 직전까지 와 있었습니다. 교회를 떠난 지는 오래 되었지만, 뭔가 해결책을 얻을까 싶어 그는 성경을 읽기 시작했습니다.

"돈을 사랑함이 일만 악의 뿌리가 되나니 이것을 사모하는 자들이 미혹을 받아 믿음에서 떠나 많은 근심으로써 자기를 찔렀도다"딤전6:10.

하나님도 없고, 가정도 없이, 돈만 쫓아다니다 결국 모든 것을 잃어버린 자신의 모습이 보였습니다. 그는 욕심을 버렸습니다. 돈을 위해 살지 않기로 결심했습니다.

1년 만에 회사로 돌아온 주 회장은 사업의 스타일을 바꿨습니다. 성경의 방법대로 사업을 시작한 것입니다. 매주 한 번씩 직원들과 함께 예배를 드리고, 성경을 공부했습니다. 회사 직원들이 신앙으로 뭉쳐지자 마음이 하나가 되었고, 사업은 날로 번창하였습니다. 스리랑카와 미국 LA까지 공장을 세우면서 연매출 300~400억 원을 올리는 건실한 중소기업이 되었습니다. 그리고 그는 사랑 많은 남편, 따뜻한 아버지가 되어 행복한 가정을 만들어가게 되었습니다.

그는 고백합니다. "돈밖에 모르던 내가 예수님 안에서 참 행복을 찾았습니다."

어제에 얽매이지 말고
오늘을 살아가라

어제 일에 얽매이지 마십시오. 세상에서 돌이킬 수 없는 것이 세 가지 있습니다. 한번 쏘아버린 화살, 급하게 내뱉은 말, 그리고 무엇보다 황금 같은 시간은 다시 돌이킬 수 없습니다. 돌이킬 수 없는 어제는 빨리 잊고 새로운 내일을 향해 나아가야 합니다.

어제에 붙들린 사람은 항상 우울하고 불행합니다. 미국의 시인 헨리 롱펠로는 말합니다. "쓸쓸한 듯이 과거를 보지 말라. 그것은 두 번 다시 돌아오지 않으므로, 주저하지 말고 현재를 개선하라. 그림자 같은 미래를 향해 나아가라. 두려워하지 말고 씩씩하게 용기를 갖고 나아가라."

지난 일은 지난 일입니다. 과거를 돌아보지 말고 새로운 날을 살아가야 합니다. 성경은 이렇게 교훈합니다. "너희는 이전 일을 기억하지 말며 옛적 일을 생각하지 말라"사43:18. 어제에 얽매이지 않고 오늘을 살아가는 사람만이 행복할 수 있습니다.

과거의 실패에 얽매여 현재의 성공을 놓친다면 그것만큼 안타까운 일은 없습니다. 과거의 실패는 과거의 일로 묻어버리고 현재 내 앞에 놓인 일에 충실해야 행복한 현재와 미래를 맞이할 수 있습니다.

국민의 사랑을 받는 피겨 요정 김연아 선수에게 "어린 나이에 세계무대에 서서 자신을 지탱할 수 있는 힘의 비결이 무엇인가?"라는 질문을 했습니다. 그러자 김연아 선수는 "지난 힘든 일에 대해선 빨리 잊어버리고 새로 시작한다는 마음으로 임한다"라고 답했습니다. 피겨 요정이라지만 그녀는 빙상 위에서 한 순간의 실수로 메달을 놓쳐버린 적도 있습니다. 그러나 그녀는 과거의 실수는 빨리 잊어버리고 다음을 준비합니다. 그것이 그녀를 계속 빙상 위에 있게 한 비결이었습니다. 지난 실수는 깨끗이 잊고 새로운 기분으로 일을 시작할 수 있다면, 실수는 오히려 성공을 향한 큰 밑거름이 됩니다.

반면, 과거의 성공에만 붙들려 현재의 상황을 올바로 보지 못한다면 그것 또한 불행을 자초하는 길이 됩니다.

"왕년에 내가 누구였는데…" 한때 잘 살았던 기억, 한때 권력을 가졌던 시기를 잊지 못해서 과거에만 붙잡혀 사는 사람들이 있습니다. 과거의 성공을 자만하며 자기 생각, 자기 스타일만 고집하고, 새로운 사고와 발전된 기술을 받아들이려 하지 않는 사람들이 있습니다. 변화도 발전도 없이 나아가다 보면 결국 퇴보하게 되고, 경쟁에서 밀려나게 됩니다. 그러면 또 세상이 자신을 알아주지 않는다고 원망하며 억울해 합니다. 그래서 그런 사람은 늘 불행합니다. 빨리 과거를 잊어야 합니다. 그래야 새롭게 시작할 수 있습니다.

서울 남영동에 유명한 호떡 가게가 있습니다. '김민영 왕호떡'. 이곳은 1평짜리 가게이지만 130개가 넘는 전국 가맹점을 가진 프랜차이즈 사업체입니다. 이곳 대표 김민영 회장은 원래 평범한 회사원이었습니다. 그는 재테크로 비상장된 1만 원짜리 장외주식 4천주를 샀는데, 이 회사가 상장이 되면서 31만 원짜리 주식이 되어버렸습니다. 4천만 원이 12억이 되어버린 것입니다. 대박이었습니다. 그 돈으로 빌딩을 사겠다고 건물을 보러갔습니다. 마음에 드는 8층짜리 건물이 나왔는데 16억이었습니다. 그래서 그는 주식을 한 번 더 해서 4억을 벌겠다고 작심을 했습니다. 그러나 그 때부터 그에게는 불운만 찾아왔습니다. 사는 주식마다 계속 바닥을 치더니 급기야 주식 시장에 큰 사건이 터지면서 전 재산을 잃게 되었습니다. 집은 물론 자동차, 아이들 피아노까지 다 빼앗겼고, 회사에는 희망퇴직을 신청했습니다. 퇴직금이 필요했던 것입니다.

그는 소자본으로 할 수 있는 장사를 찾다가 호떡 장사를 생각해 냈습니다. 하지만 막상 길거리에서 장사를 하려니 보통 용기로는 힘들었습니다. '내가 12억을 만지던 사람인데….' 너무 창피했습니다. 그러나 그는 생각을 바꿨습니다. '지나간 과거에 연연하는 것은 미련한 짓이다. 지나간 과거는 부도난 수표일 뿐이다. 현재와 미래만이 사용 가능한 현금이다.' 12억의 수업료를 내고 배운 인생의 지혜였습니다.

그는 이왕 하는 거 제대로 해보자는 생각을 했습니다. 그래서 해바라기 씨, 호박씨, 땅콩 등 건강에 좋은 웰빙 재료를 넣고, 반죽도 스스로 연구해서 만들어 차별화를 시도했습니다. 서비스를 위해서 마술을 공연하기도 하고, 레크레이션, 웃음 치료 등을 선보였습니다. 그러자 입소문이 나기 시작했고, 그의 톡톡 뛰는 아이템이 언론을 타면서 유명한 명물 호떡집이 되어, 체인점이 만들어지면서 프랜차이즈 회사로 성장하였습니다. 그는 요즘 행복합니다.

그는 아침마다 거울을 보면서 "김민영! 너는 행복한 놈이야!"라고 외치며, 어제가 아닌 오늘의 행복을 다짐합니다.

중동의 유명한 두 나라가 있습니다. 과거를 먹고 사는 이집트와 미래를 꿈꾸는 두바이입니다. 이집트는 4대문명의 발상지로 피라미드와 스핑크스, 고대 유물이 전시된 박물관 등 세계적인 관광명소가 곳곳에 퍼져 있습니다. 그래서 연간 800만 명에 이르는 관광객이 찾는 나라입니다. 그러나 이집트는 과거의 영광에만 얽매여 있습니다. 수도 카이로는 10년 전 낡은 건물만 즐비하고, 고대 유물들은 관리가 허술해서 점점 망가져가고 있습니다.

반면 두바이는 미래를 꿈꾸는 나라입니다. 두바이는 석유 외에는 아무 것도 없는 사막과 바다뿐인 곳입니다. 그러나 국왕 셰이크 모하메드는 미래를 위한 비전을 제시했습니다. 2011년까지 석유 중심의 경제에서 벗어나 금융과 관광, 서비스 산업의 중심지로 발돋움한다는 비전을 세우고 프로젝트를 추진한 것입니다. 그는 세계에 문호를 개방하고, 세계적인 호텔과 국제공항, 스포츠 센터, 인공 섬, 해저 호텔을 건설했습니다. 그래서 두바이는 '중동의 허브'가 되었습니다. 현재 이집트의 1인당 국민소득은 겨우 1600~1700 달러에 그치고 있지만, 두바이의 1인당 국민소득은 40000 달러에 이르고 있습니다. 셰이크 모하메드는 말합니다. "미래를 바꾸려 하지 않는 자는 과거의 노예일 뿐이다."

어제에 얽매이지 말고 미래를 바라보며 오늘을 살아가십시오. 매일 아침 '오늘은 새로운 인생이다'라고 생각하고 앞으로 걸어가십시오. 그런 하루하루가 모이면 행복한 인생이 됩니다.

이 세상에서 가장 중요한 시간은 '현재' 입니다.
이 세상에서 가장 필요한 사람은 '현재 내가 만나고 있는 사람' 입니다.
그리고 이 세상에서 가장 중요한 일은 '현재 내가 하고 있는 일' 입니다.

　인종차별, 가난, 성폭행, 마약 중독, 미혼모…. 이런 과거의 아픔을 극복하고 성공한 흑인 여성이 있습니다. 미국의 토크쇼의 여왕, 오프라 윈프리입니다.

　그녀는 인종차별이 심한 미국 남부 미시시피 주의 가난한 시골 마을에서 흑인으로 태어났습니다. 그녀는 9세 때 성폭행을 당하는 끔찍한 일을 겪고, 14세 때는 가출을 하게 됩니다. 집을 나온 그녀는 불량한 아이들과 어울리며 마약에 손을 댔고, 임신까지 하게 되었습니다. 결국 그녀는 청소년 감호소에 맡겨졌다가 다시 아버지 집으로 보내졌고, 조산으로 태어난 아기는 죽고 말았습니다.

　그러나 윈프리는 신앙을 가지면서 마음을 잡았습니다. '과거가 미래를 결정짓는 결정적인 요소가 될 수 없다'고 생각했습니다. 그녀는 말합니다. "미래를 바라보았습니다. 너무 눈부셔서 눈을 뜰 수 없었습니다." 그녀는 자신의 빛나는 미래를 포기할 수 없었습니다. 그녀는 성경과 여러 좋은 책을 독파하기 시작했고, 열심히 공부해서 테네시 주립대학교에 들어가 공연예술과 음성통신을 전공했습니다. 그리고 19세에 내쉬빌 WVOL 라디오 앵커로 방송 활동을 시작하게 됩니다. 그 후 여러 라디오 방송을 진행하다가 시카고로 옮겨 WLS-TV의 아침 토크쇼인 AM Chicago를 맡게 되었습니다. 이 프로그램은 시청률이 형편없는 지역방송이었지만, 한 달 만에 최고로 인기있는 토크쇼가 되었습니다.

이렇게 해서 그녀의 'The Oprah Winfrey Show'가 탄생한 것입니다. 이 쇼는 86년 시작된 이후로 미국 내에서 최장 기간 동안 시청률 1위를 달리는 프로그램으로, 미국인 3000만 명, 전 세계로 따지면 1억 6000만 명의 시청자가 보는 프로그램이 되었습니다. 이제 윈프리는 잡지, 영화, TV 프로를 제작하는 '하포 엔터테인먼트 그룹'의 대표가 되었습니다. 그녀가 한번 소개한 책은 베스트셀러가 되며, 그녀가 알려준 복지단체는 후원자가 넘쳐납니다.

어제에 얽매이지 말고 미래를 바라보고 최선을 다해 오늘을 살아가십시오. 당신의 미래도 눈을 뜰 수 없을 정도로 눈부십니다.

인생 최대의 행복은 하나님 가까이에 있는 것

2008년 베이징 올림픽의 개막을 앞두고 중국에 큰 자연재 앙이 닥쳤습니다. 중국 쓰촨성에 지진이 일어나 8만 명이 넘는 사망자와 실종자가 생긴 것입니다. 중국 당국도 도저히 혼자 힘으로는 감당하기 어려워 세계 각국에 구호 요청을 했고, 각국의 구조대가 구조 활동을 도왔습니다. 오랜 기간 동안 건물 잔해에 깔려있던 사람들이 한 명씩 구조될 때마다 세계는 함께 기뻐하고 함께 울었습니다.

이처럼 인생의 길에서도 예상치 못한 수렁을 만날 때가 있습니다. 불의의 사고, 가족의 죽음, 사업 실패, 사기, 강도, 치료되기 어려운 질병, 대학입시 낙방, 부채, 이혼 등 다양한 위기들이 인생의 길에 놓여 있습니다. 잠시만 한눈을 팔면 이런 인생의 수렁에 빠지게 됩니다. 더 큰 문제는 이런 수렁들은 혼자의 힘으로 빠져 나오기가 어렵다는 것입니다. 그래서 사람들은 절망하고 낙심하다가 술이나 마약에 빠져 중독자가 되기도 하고, 자살을 선택하기도 합니다. 이럴 때 누군가의 도움을 받아 이 수렁에서 구조된다면 그보다 더 행복한 일이 어디 있겠습니까?

인생의 수렁에 구원의 밧줄을 내려주시는 분, 그 분이 바로 하나님이십니다.

20년 전 서대문구 연희동에 고급 주택을 건축해서 수십억의 돈을 모은 한 사업가가 있었습니다. 어느 날 그가 돈을 벌었다는 소문을 들은 동창생 한 명이 연락을 해왔습니다. 증권에 투자를 하라는 것입니다. 그는 친구의 유혹에 넘어가 증권에 돈을 투자했다가 그만 수십억 원의 재산을 날려버렸습니다. 살던 집도 빼앗기고 월세 방으로 쫓겨나 하루아침에 거지 신세가 되었습니다.

그는 매일 술만 마셨습니다. 인생이 절망스러웠습니다. 그때 아주 가까운 친구 한 명이 그를 위로하며 교회로 데리고 갔습니다. 처음 가본 교회는 아주 밝고 환했습니다. 사람들의 얼굴을 보니 모두 환하고 행복해 보였습니다. '저 사람들은 다 행복한데, 나만 불행하구나!'

그런데 교회에 가면 왠지 마음이 편안해졌습니다. 다른 사람의 행복이 자신에게도 전염되는 것만 같았습니다. 그는 새벽에도 밤에도 교회를 찾아갔습니다. 그리고 하나님께 기도를 했습니다. "하나님, 이제 하나님밖에 없습니다. 도와주십시오."

기도 끝에 그는 작은 사업을 시작할 수 있는 기회를 얻었습니다. 작은 철강 공장이었습니다. 마음이 편안하고 행복하니 사업도 잘 풀려나갔습니다. 매출이 점점 증가하더니 전국적으로 철강을 공급하는 제법 큰 회사가 되었습니다.

지금은 장로가 된 ㈜신정철강 박종근 회장의 성공 스토리입니다. 지금은 그도 이렇게 고백합니다. "나는 누구보다도 행복한 사람입니다."

많은 사람들이 인생의 불행과 고통 중에 하나님을 만나서 참 행복을 발견하곤 합니다. 프랑스의 철학자 파스칼은 천재적인 수학가로 이름을 날리며 사교계에서 도박과 향락에 빠져 살았지만 갈수록 삶은 공허하고 모든 인생의 즐거움도 무덤덤하게 느껴졌습니다. 어느 날 수녀원에 들어간 여동생을 만나러 갔던 파스칼은 너무나 행복해 보이는 환한 얼굴의 여동생을 발견했습니다. 파스칼은 여동생에게 감동을 받아, 하나님을 만나게 되었고 인생의 행복을 느끼게 되었습니다. 그는 말합니다. "하나님을 만난 사람이 진정 행복한 사람이다."

미국의 16대 대통령 아브라함 링컨은 가난한 가정에서 자라나 교육조차 제대로 받지 못했지만, 성경을 배우며 신앙 안에서 성장했습니다. 그는 독학으로 변호사 자격증을 땄지만 그 길이 순탄하지 않았습니다. 실직과 사업실패를 경험했고, 하원의원 선거, 상원의원 선거, 부통령 지명 선거 등에도 계속 낙선했습니다. 신경쇠약으로 병원신세를 지기도 했습니다. 그러나 그는 포기하지 않고 다시 일어났고, 결국 미국 역사상 길이 남는 존경받는 대통령이 되었습니다. 그는 말합니다. "하나님의 자녀된 것을 깨닫고 믿는 사람은 결코 불행할 수가 없다."

러시아 소설가 톨스토이는 명문 백작 가문에서 태어나 『전쟁과 평화』, 『안나 카레니나』 등의 소설로 명성을 얻었지만 인생무상을 느끼고 늘 심한 괴로움 속에 살았습니다. 그러다가 하나님을 만나는 경험을 하게 됩니다. 그 후로는 참된 평안과 행복을 누리며 살게 됩니다. 그도 말합니다. "어떤 개인이나 사회이든 간에 불행하다면 그 원인은 신앙의 결핍에 있다."

'행복론' 연구로 유명한 스위스의 법률가이자 정치가인 칼 힐티는 행복에 대해 한마디로 정의합니다. "인생 최대의 행복은 하나님 가까이에 있는 것이다."

세계적인 여론조사기구 '갤럽'의 조사에 의하면 신앙인은 비신앙인에 비해 60%가 더 행복감을 느끼고, 이혼율은 반밖에 되지 않는다고 합니다.

성경은 하나님을 믿는 백성들을 '행복한 자'라고 부릅니다. "이스라엘이여 너는 행복자로다 여호와의 구원을 너같이 얻은 백성이 누구뇨 그는 너를 돕는 방패시요 너의 영광의 칼이시로다 네 대적이 네게 복종하리니 네가 그들의 높은 곳을 밟으리로다" 신33:29. 하나님은 그를 믿는 사람들이 행복하게 살기를 원하십니다. 그리고 '행복한 사람'이 되도록 도와주십니다.

사막같이 막막하고 피폐한 인생에서 만나는 평화롭고 시원한 오아시스같은 존재가 바로 하나님이십니다. 인생의 행복을 찾는다면 하나님 가까이로 나아오십시오. 참 평안과 행복을 만나게 될 것입니다.

하나님을 믿는 것, 인간의 행복은 여기에 있습니다.
믿음은 세상을 사는 사람들이 가져야 할 최고의 가치 있는 보물입니다.

광주의 마담포라 이병권 사장. 그는 부모님의 건강 악화로 갑자기 회사 경영을 떠맡게 되었습니다. 나름대로 열심히 일을 하니 점차 매출이 증가했고 사업이 확장되었습니다.

그런데 그는 생각지도 못한 인생의 고비를 만나게 됩니다. 2005년 사기 사건에 연루되면서 세무조사까지 받게 된 것입니다. 세금을 포탈했다는 모함을 받아 검찰에 불려가 조사를 받으면서 그는 몸과 마음이 극도로 지쳐 더 이상 지탱할 힘이 없을 지경에까지 이르렀습니다.

그 때 목사님 한 분이 불쑥 찾아오셔서 성경 말씀 한 구절을 전해 주었습니다.

"여호와는 네게 복을 주시고 너를 지키시기를 원하며 여호와는 그 얼굴로 네게 비취사 은혜 베푸시기를 원하며 여호와는 그 얼굴을 네게로 향하여 드사 평강 주시기를 원하노라 할지니라 하라"민6:24-26.

이 말씀을 읽자 하나님께서 도와주시리라는 믿음이 생겼습니다. 그는 하루에도 몇 번이나 이 말씀을 읽으며 눈물을 흘렸습니다. 하나님의 따뜻한 위로와 격려로 이 사장은 힘을 냈고 결국 무혐의가 증명되었습니다. 이 때 그는 하나님과 함께 하는 것이 얼마나 큰 축복이며, 얼마나 큰 행복인지를 깨닫게 되었습니다.

"내 생애 최고의 축복은 예수 그리스도를 마음의 주인으로 받아들인 것입니다."

그는 하나님을 의지하고 다시 사업을 일으켰습니다. 마담포라는 성장의 성장을 거듭해 현재는 연매출 500억 원을 목표로 하는 한국의 대표적인 패션 브랜드가 되었습니다.

인생 최대의 행복은 하나님 가까이에 있습니다.

자신의 소중한 가치를 깨달아라 · 꿈꾸는 사람이 행복하다 · 일해야 살맛 난
다 · 건강은 행복 밑천이다 · 웃으면 행복이 만들어진다 · 사랑받기를 기다
리지 말고 먼저 사랑하라 · 작은 변화가 행복을 가져 온다

자신의 소중한 가치를 깨달아라

한 중년 여인이 있었습니다. 그녀의 남편은 성실한 직장인에 모범적인 가장이었고, 그녀는 평생을 남편 내조와 자녀 뒷바라지로 산 현모양처였습니다. 그녀는 큰 부자는 아니었지만, 남편의 월급을 알뜰하게 잘 관리해서 집도 장만하고 자녀 셋을 모두 대학까지 보냈습니다. 아무 부러울 것 없어 보이는 행복한 가정이었습니다.

그런데 그녀의 막내딸이 대학에 들어가고 이제 힘든 고3 수험생 뒷바라지를 하지 않아도 되겠구나 싶었을 때부터 왠지 집안에 혼자 앉아 있을 때면 마음 한 구석이 텅 빈 것 같고, '나는 무엇인가?' 하는 물음이 터져 나왔습니다. 거울

앞에 앉아 자신의 얼굴을 찬찬히 들여다보니, 이마와 눈가에 깊이 주름이 패여 있었습니다. '이것이 내 인생이란 말인가?' 이때부터 그녀는 자신의 인생이 너무 애처롭고 불쌍하게 느껴졌습니다. 남편이 퇴근을 하고 돌아와도 본체만체했고, 모든 일이 시큰둥하기만 했습니다. 혼자 눈물을 흘리는 때도 많아졌습니다.

소위 말하는 '빈 둥지 증후군' 입니다. 중년에 접어든 우리나라 여성들이 흔히 겪는 마음의 병입니다. 품을 떠난 자식들에 대한 상실감, 자녀들과 느끼는 세대 간의 단절감, 게다가 여성성을 잃어가는 갱년기의 우울증까지 겹치다 보니, 인생이 공허해지고, 자신의 정체성에 대한 혼란까지 느끼는 것입니다. 겉으로 보기에는 아무 부족함이 없어 '배부른 고민' 처럼 무시되지만, 우울증이 심해지면 공허감을 채우기 위해 일탈을 선택하는 경우도 있습니다. 외도로 가정을 파탄 나게 만드는 경우도 있고, 사기나 범죄의 표적이 되기도 하며, 심한 경우 자살을 감행하기도 합니다.

자신이 얼마나 소중한 존재인지를 잊어버리는 순간, 자신이 쌓아온 모든 행복의 탑이 무너져 버리는 것입니다.

이 중년 여인도 자신의 우울증을 이겨보려고 무던히 애를 썼습니다. 헬스클럽을 다니며 운동을 해보기도 하고, 문화 센터에 수강신청을 해서 여러 가지 취미를 가져보려고도 했습니다. 친구들을 만나 수다를 떨어보기도 하고, 훌쩍 여행을 떠나기도 했습니다. 그러나 좀처럼 마음을 잡기 어려웠습니다.

그 때 옆집 아기 엄마의 전도를 받아 교회에 나가게 되었습니다. 교회에 나가서 그녀가 깨달은 것은 '자신이 소중한 존재' 라는 것입니다. 누구의 아내, 누구의 며느리, 누구의 엄마로서가 아닌 자기 자신이 바로 사랑받아 마땅한 존재라는 것 말입니다. 하나님은 자신의 아들을 대신 내어 줄 정도로 그녀를 사랑한다는 말에, 그녀는 마음이 녹았습니다. 예배만 드리고 나면 마음에 위로와 따뜻함이 가득 찼습니다. 아무도 몰라주는 자신의 속마음을 하나님은 알아주시는 것 같아서 눈물이 났습니다. 자녀들을 잘 키웠으니 수고했다고 어깨를 두드려 주시는 것만 같았습니다.

그녀는 다시 자신감이 생겼습니다. 하나님이 맡기신 자녀를 잘 키워냈다는 자부심도 생겼습니다. 그리고 이제는 내 자녀뿐 아니라 다른 사람들도 도와줄 수 있겠다는 생각을 가지게 되었습니다. 이제 그녀는 바빠서 우울할 시간이 없을 정도로 열심히 이웃을 위해 봉사하며 살고 있습니다.

당신은 특별한 사람입니다. 당신은 수백만 대 일의 경쟁을 뚫고 이 땅에 태어난 사람입니다. 성경에서 이스라엘의 다윗 왕은 이렇게 말합니다. "내가 주께 감사하오옴은 나를 지으심이 신묘막측 하심이라 주의 행사가 기이함을 내 영혼이 잘 아나이다"시139:14. 하나님께서는 당신을 사람이 생각지도 못할 만큼 신비롭게 창조하셨습니다. 우리는 하나님의 소중한 걸작품입니다. 자신이 얼마나 소중한 존재인지를 깨달아야 합니다. 행복은 자신의 소중한 가치를 깨닫는 순간 시작됩니다.

한 대학교수가 강의 도중에 갑자기 10만 원짜리 수표를 꺼내들었습니다. 그리고 "이 돈 가질 사람, 손들어 보세요"라고 말했습니다. 학생들은 좋아서 손을 들었습니다. 그 때 교수는 갑자기 그 돈을 주먹으로 꽉 쥐어 구겨버렸습니다. 그리고 "이래도 가질 사람 손들어 보세요"라고 다시 말했습니다. 그래도 학생들은 신이 나서 손을 들었습니다. 교수는 다시 그 돈을 바닥에 내팽개치더니 발로 밟았습니다. 수표는 구겨지고 신발자국이 묻어서 아주 더러워졌습니다. 교수가 다시 물었습니다. "이거 가질 사람 있어요?" 당연히 학생들은 손을 들었습니다. 그 때 교수가 말했습니다. "여러분, 구겨지고 더러워진 10만 원짜리 수표일지라도, 그 가치는 변하지 않는다는 걸 잘 알고 있군요. 그렇다면 '나' 라는 가치도 마찬가지라는 것을 기억하십시오. 혹시 앞으로 여러분이 비록 실패하고 인생의 밑바닥에 떨어지는 일이 있어도, '나' 라는 존재 그 자체의 가치는 전과 다르지 않게 여전히 늘 소중하다는 것을 잊지 마십시오."

인생을 살다보면 자신의 계획대로 꿈을 이루면서 성공하고 행복한 삶을 살 수도 있지만 그렇지 못할 때도 많습니다. 내 마음대로 할 수 없는 게 인생입니다. 간혹 이런 말을 하는 사람들이 있습니다. "내가 꿈꾸던 삶은 이게 아닌데." "내 계획은 이런 게 아니었어." 그러나 자신의 뜻대로 일이 잘 풀리지 않았을 지라도, 혹 실패를 했거나, 인생 밑바닥에 떨어진 것 같은 절망에 처해 있을 지라도 꼭 기억할 것이 있습니다. 그래도 '당신은 소중하다' 는 것입니다. 비록 지금의 처지가 좀 어렵더라도 당신 본래의 가치는 변함이 없습니다.

세상은 때때로 자신들의 잣대로 당신을 재면서 당신을 평가절하할 수도 있습니다. 하지만 다른 사람의 잣대에 너무 신경 쓰지 마십시오. 그들의 잣대가 굽어있을 수도 있습니다. 오직 올바른 잣대는 하나님의 잣대뿐입니다. 하버드대학교 교수였던 유명 작가요 성직자인 헨리 나우웬은 말합니다. "세상은 당신에게 당신이 누구인지를 말할 때 너무 많은 거짓을 말합니다." 자기의 편견에 따라 잘못된 말로 당신을 규정한다는 말입니다. 너무 과소평가하여 많은 상처를 안겨 준다는 것입니다. "너 같은 주제에!" 이 말은 틀린 말입니다. 당신은 "특별한 존재!"입니다.

하나님은 당신을 최고의 걸작품으로 창조하셨고, 당신에게 행복한 인생을 선물로 주셨습니다. 당신은 단지 마음을 열고 그것을 받아들이기만 하면 됩니다. 자신이 얼마나 소중한 존재인지 깨닫고, 하나님의 선물인 행복을 향해 마음을 여십시오. 당신은 충분히 자격이 있습니다.

소아마비로 장애인이 된 프랭클린 루즈벨트 대통령은 말했습니다.
"누구도 당신의 동의를 구하지 않고 당신을 열등하게 느끼도록 만들 수 없다."

유학길에 나선 아버지를 따라 미국 땅에 첫 발을 디딘 초등학교 1학년 소년이 있었습니다. 학비만으로도 빠듯한 형편이라 4명의 식구들은 작은 원룸 아파트에 살게 되었습니다. 목회자인 부모님은 옷장을 개조해서 기도실을 만드셨습니다. 그리고 어려운 일이 있을 때마다 그곳에 들어가 기도하라고 가르치셨습니다.

소년의 미국 생활은 순탄치 않았습니다. 영어가 부족하다 보니 성적도 형편없었습니다. 게다가 같은 반 친구들에게 '눈이 작다'고, '영어를 못 한다'고 놀림을 받았고, 왕따까지 당했습니다. 친구들에게 놀림을 받은 날이면 너무 속상해서 작은 기도실에 들어가 울며 기도를 했습니다.

소년은 기도를 할 때마다 느껴지는 것이 있었습니다. '하나님이 나에게 무엇인가 원하고 계시는구나.' 그러던 어느 날 그는 하나님의 마음을 알게 되었습니다. '하나님은 나의 영광이 아니라 하나님의 영광을 위해 내가 공부하기를 원하시는구나.' 소년은 열심히 공부를 해서 남을 돕고 그 일을 통해 하나님께 영광을 돌리는 삶을 사는 것이 자신을 향한 하나님의 계획이라는 것을 깨달았습니다. 그리고 슈바이처 같은 의사가 되어 제3세계 사람들에게 복음을 전하고 의술로 섬기겠다는 꿈을 꾸게 되었습니다.

소년은 자신이 하나님의 특별한 계획 안에 있는 소중한 존재라는 것을 깨달은 것입니다. 그 후로는 산만함도 없어졌고, 마음의 불안도 사라졌습니다. 한번 공부에 집중하면 서너 시간이 금방 지나갔습니다.

이 소년이 미국대학입시 학습능력적성시험(SAT I)에서 1600점 만점을 받고 하버드대학 의학부 예과에 전액 장학생으로 합격한 지인환 군입니다.

당신의 인생을 다시 한번 점검해 보십시오. 당신은 하나님의 소중한 창조물이며, 당신에게는 특별한 임무가 주어져 있습니다. 당신의 그 소중한 가치를 깨달을 때, 행복이 시작됩니다.

꿈꾸는 사람이
행복하다

"사람들은 자신이 가진 능력을 쉽게 과소평가한다. 그러나 그렇지 않다. 누구든 자신만의 재능이 분명히 있다. 꿈을 가져라. 그리고 그것을 위해 끊임없이 도전하라. 그러면 반드시 해낼 수 있다. 나를 보라! 당신도 충분히 해낼 수 있다."

핸드폰 영업사원에서 하루아침에 세계적인 오페라 가수가 된 폴 포츠의 말입니다.

영국 남부 웨일즈에서 핸드폰 영업사원으로 일하고 있던 36세의 폴 포츠. 그가 자신의 꿈을 펼칠 마지막 기회에 도전

합니다. 재능 있는 아마추어를 발굴하는 영국의 TV 노래 경연 대회, ‘브리튼즈 갓 탤런트’(Britain’s Got Talent)라는 TV 프로그램에 참여한 것입니다. 그러나 끼가 넘치는 다른 도전자들과는 달리 쭈뼛거리는 그의 모습은 여기 도대체 왜 나왔나 싶을 정도로 한심해 보였습니다. 못생긴 외모, 부러진 앞니, 옆집 아저씨처럼 불뚝 나온 배, 초라한 복장, 자신 없어 보이는 어눌한 표정….

심사위원들은 심드렁한 태도로 “준비됐으면 해봐요”라고 말했습니다. 폴은 푸치니의 오페라 ‘투란도트’ 아리아 중에서 ‘공주는 잠 못 이루고’(Nessun Dorma)를 불렀습니다. 그의 노래는 환상적이었습니다. 그가 이 곡의 하이라이트 부분인 고음을 멋지게 불러내자 관객들은 일어나 기립박수를 보냈고 감격에 차서 눈물을 흘리는 여성들도 있었습니다.

심사위원들은 너무 놀라서 “당신이 정말 핸드폰 매장에서 일하면서 이런 노래를 부른다고요?”라며 믿지 못하겠다는 표정을 지었습니다. 그리고 “당신은 석탄 가운데서 발견한 다이아몬드입니다”라고 격찬을 했습니다.

결국 폴 포츠는 2007년 ‘브리튼즈 갓 탤런트’의 결승에

올라 우승을 했고, 심사 위원이던 음반제작자 사이먼 코웰의 제안으로 계약금 100만 파운드(약 18억 5천만 원)를 받고 첫 번째 음반 '원 챈스'(One Chance)를 제작했습니다. 그의 음반은 세계적으로 3백만 장이 팔렸습니다. 그는 현재 세계적인 스타가 되어 전 세계에서 공연을 가지고 있고, 한국에서도 내한공연을 가진 바 있습니다.

그의 노래에는 다른 가수들과는 달리 삶의 애환을 담은 깊은 감동이 있습니다. 아마도 그의 불행한 인생 여정이 담겨 있기 때문일 것입니다.

그는 어려서부터 가난하고 못생겼다는 이유로 친구들에게 왕따를 당했습니다. 그래서 '나는 쓸모없는 사람이야. 아무 것도 해낼 수 없을 거야.'라는 생각에 늘 자신감이 없었고, 불행한 인생을 자살로 끝내고 싶다는 생각까지 했습니다. 그럴 때마다 그는 혼자 노래를 부르며 위안을 삼았습니다.

그런 그에게 오직 하나의 꿈, 오페라 가수가 되겠다는 꿈이 있었습니다. 여의치 않은 집안 형편에 제대로 레슨 한번 받지 못했지만, 그는 독학으로 성악을 공부한 후, 밤낮으로 열심히 일해 번 돈으로 이탈리아에 단기 과정 유학을 떠났습니다. 그리고 오페라 극단의 문을 두드렸지만, 쟁쟁한 프로들이 자리잡고 있는 오페라 세계에 도전하기에는 그의 교육과정이 너무 짧았습니다. 결국 차가운 냉대만 받고 돌아설 수밖에 없었습니다. 그러다 우연히 세계적인 성악가 루치아노 파바로티 앞에서 오디션을 받을 수 있는 기회가 생겼지만 갑자기 급성 종양으로 수술을 받는 바람에 이 절호의 기회를 놓치고 맙니다. 게다가 교통사고로 쇄골 뼈가 골절되면서 성대까지 다치고 말았습니다. 의사는 "더 이상 노래를 부를 수 없을지도 모른다"고 경고했습니다. 계속되는 불행에 그는 꿈을 포기했습니다.

그러나 그럴수록 노래에 대한 그의 열정은 사그라지지 않았습니다. 그는 다시 마음을 추스르고, 핸드폰 영업사원으로 일하면서 합창단 단원으로 활동을 시작했습니다. 그리고 여기저기 노래경연대회에 참가하여 파바로티 흉내를 내면서 오페라를 불렀습니다. 그러다가 마지막 기회, '브리튼즈 갓 탤런트' 대회에 참가하여 마침내 꿈을 이룬 것입니다. 요즘 그는 그렇게 좋아하던 노래를 마음껏 부를 수 있어 행복한 하루하루를 보내고 있습니다.

사람은 꿈을 먹고 삽니다. 사람에게 꿈과 희망이 없다면 인간의 삶은 활력과 생기를 잃어버린 죽은 삶이 될 것입니다. 꿈을 죽이는 사람은 성공도 행복도 없습니다. 하지만 어려운 여건 가운데서도 꿈을 가지고 살아가는 사람은 활력이 넘치고 얼굴에 생기가 돕니다. 하루하루를 열심히 살아가면서 꿈을 향해 도전합니다. '하늘은 스스로 돕는 자를 돕는다'고 이런 사람에게는 언젠가 반드시 기회가 주어지기 마련입니다.

세상의 모든 위대한 일은 꿈꾸는 것에서부터 시작되었습니다. 현실적인 사람들은 꿈을 꾸는 사람을 보면 "꿈같은 소리를 한다"고 비웃기도 합니다. 미국의 최고 부자인 MS사 창업자 빌 게이츠도 처음 사업을 시작할 때 "세계 모든 가정, 모든 책상 위에 컴퓨터가 한 대씩 놓여있는 세상을 만들겠다"는 꿈같은 소리를 해서 비웃음을 당했습니다. 그러나 현재 그의 꿈은 이루어졌습니다. 집집마다 컴퓨터가 놓이고, MS사의 소프트웨어가 사용되고 있습니다. 꿈을 꾸지 않았다면 그런 일은 이루어지지 않았을 것입니다.

또 꿈이 있는 사람은 어떤 인생의 장애물을 만나도 절망하지 않고 장애물을 넘을 수 있는 힘이 있습니다. 미국의 만화

영화 제작자 월트 디즈니는 젊은 시절 거주할 곳이 없을 정도로 가난했습니다. 그래서 교회의 허름한 차고에 살면서 신문사나 잡지사에 만화나 삽화를 그려주며 생계를 이어갔습니다. 그러나 그는 세계적인 만화영화 제작자가 되겠다는 꿈을 잃지 않았습니다. 그리고 낡은 차고에서 본 생쥐에게 영감을 얻어 '미키마우스'라는 캐릭터를 만들었습니다. 이 캐릭터는 크게 성공하여 결국 그는 꿈을 이루게 되었습니다. 그는 말합니다. "만약 당신이 꿈을 꿀 수 있다면 당신은 그 꿈을 이룰 수 있는 능력이 있다." 꿈꾸는 사람은 어떤 난관이든지 뚫고 나갈 수 있는 힘과 능력이 있습니다.

꿈을 꾸는 사람이 행복합니다. 당신이 가진 재능은 결코 보잘 것 없는 것이 아닙니다. 꿈을 꾸십시오. 꿈을 위해 도전하십시오. 그러면 언젠가 기회가 찾아옵니다. 그 한 번의 기회가 기적이 될 수도 있습니다.

우리는 꿈에 의해 성장합니다.
모든 위대한 사람은 꿈꾸는 자였습니다.
미국의 28대 대통령 월슨의 말입니다.

가난한 엿장수의 딸, 고등학교를 졸업하자마자 가발공장의 여공이 된 서진규 씨. 그러나 그녀는 다른 친구들처럼 대학에서 공부하고 박사가 되는 꿈을 꾸었습니다. 그러던 어느 날 그녀는 미국에서 식모를 구한다는 광고를 보게 됩니다. 그녀는 미국에서는 꿈을 이룰 수 있을지도 모른다는 생각에 비행기 표 한 장을 사서 무작정 미국으로 떠납니다.

미국에 도착한 그녀는 한국식당 웨이트리스로 일하면서 돈을 벌게 됩니다. 그러다가 우연히 알게 된 한국인 태권도 사범을 만나 결혼을 하고 아이를 낳지만, 곧 결혼생활은 남편의 폭력으로 얼룩져 버리고 맙니다. 그녀는 결국 남편과 이혼을 하고 미 육군에 사병으로 입대를 합니다.

미군의 훈련 과정은 정말 지옥과 같은 시간이었습니다. 하지만 그녀는 포기는 곧 죽음이라는 각오로 버텼습니다. 그리고 일등병이 되어 대한민국 용산구의 주한 미군 부대에

배치를 받게 되었습니다. 그러나 여기서 안주하지 않고 그녀는 장교에 지원을 합니다. 그녀 특유의 오뚝이 정신으로 고된 훈련을 마치고 장교로 임관하게 됩니다. 그리고 독일과 일본에서 해외 근무를 하면서도 공부를 놓지 않아서 39세 나이에 어렵게 메릴랜드 대학에서 학사학위를 취득했으며, 42세에 하버드대학교 석사과정을 시작하고, 44세에는 하버드대학교 국제외교사와 동아시아 언어학 박사과정에 합격하게 됩니다.

그녀는 20년간의 군 생활을 마감하고 소령으로 전역하면서, 자신의 이야기를 책으로 썼습니다. 자신의 이야기를 통해 가난과 절망 속에서 꿈과 희망을 잃어버린 사람들에게 꿈을 찾게 해주고 싶다는 마음에서 『나는 희망의 증거가 되고 싶다』라는 제목을 붙였는데, 이 책은 곧 베스트셀러가 되었습니다. 그리고 그녀는 14년 만인 58세 나이에 하버드대학에서 박사학위를 취득하게 됩니다. 꿈을 이룬 것입니다.

서진규 씨는 말합니다. "세상에서 가장 나쁜 것은 힘들게 사는 것이 아니라 희망 없이 사는 것입니다." 그녀는 이제 올브라이트나 콜린 파월처럼 미국의 국무장관이 되겠다는 새로운 꿈을 꾸고 있습니다. 행복은 꿈꾸는 자의 몫입니다.

일해야
살맛 난다

영국의 남부 웨일즈, 카디프의 한 맥도널드 매장 직원인 루크 피타드는 130만 파운드(약 25억 원)가 걸린 로또 1등에 당첨되어서 하루아침에 벼락부자가 되었습니다. 그는 즉시 유니폼을 벗어 던지고, 같은 매장에서 일하던 여자 친구 엠마 콕스와 호사스런 결혼식을 올렸습니다. 그리고 세계적인 휴양지인 북서 아프리카 대서양 연안의 카니리아 제도로 떠나 오랜 휴가를 즐겼습니다. 다시 고향으로 돌아와서는 23만 파운드(4억5천만 원)짜리 고급 주택을 구입했습니다. 그는 사랑하는 아내와 세 살짜리 예쁜 딸과 함께 남은 인생을 즐기려고 했습니다.

그러나 얼마 지나지 않아 좋은 집과 고급스러운 옷, 그리고 편안한 쉼도 점차 식상해졌습니다. 그는 이런 삶이 행복하지 않다는 것을 깨달았습니다. 그는 중대한 결심을 하고, 옛 직장인 패스트푸드 체인점 맥도날드의 점원으로 다시 돌아갔습니다. 그리고 시간당 5.85 파운드(약 1만 원)의 보수를 받으며 햄버거를 뒤집고, 카운터에서 돈을 받고, 쓰레기를 치우면서 일을 하고 있습니다. 그는 다시 직장에서 일할 수 있어서 너무나 행복하다고 말합니다.

"아무 일도 하지 않고 돈을 쓰는 데 진력이 났습니다. 모두들 내가 미쳤다고 생각하겠지만, 인생에는 돈보다 더 중요한 게 있다는 것을 깨달았습니다. 새벽부터 일어나 다시 직장에서 일하는 게 행복합니다."

사람을 가리켜 '호모 파베르'라고 말합니다. '일하는 존재'라는 뜻입니다. 우리는 '놀고먹는 사람'이 팔자가 편하고 행복하다고 생각합니다. '부잣집 상속자로 태어나서 평생을 놀고먹어도 될 재산만 있으면, 인생을 즐기며 행복하게 살 수 있을 텐데'라고 부러워합니다. 그러나 진정한 행복은 놀고먹는 것이 아니라 일하는 데 있습니다. "열심히 일한 당신! 떠나라!"라는 광고 카피처럼 열심히 일한 사람만이 휴식과 놀이의 참된 즐거움을 느낄 수 있습니다. 늘 놀고먹는 사람에게는 그것이 즐거움일 수 없습니다.

삼성경제연구소는 미국의 백만장자들을 연구하면서 다음과 같은 세 가지 특징을 발견했습니다. 첫째로 그들은 60% 이상이 부모로부터 유산 한 푼도 받지 않고 자수성가한 사람들이었습니다. 둘째로 그들은 돈을 모으기 위해서 노력한 것이 아니라 일 자체를 즐거워했습니다. 77%가 일에 대한 열정을 가지고 있어서, 열심히 일할 때 즐겁고 행복하다고 대답했습니다. 셋째로 그들은 독서광이었습니다. 자기계발과 배움에 열정이 있는 사람들이었습니다.

백만장자들은 돈이 많아서 일하지 않아도 편하게 놀고먹을 수 있어서 행복한 것이 아니라 일하는 삶이 즐겁기 때문에 행복했습니다. 그리고 행복하게 일하다보니 돈까지 많이 벌게 된 것입니다.

프랑스의 철학자 몽테뉴는 말합니다. "일은 인간의 신성한 의무이자 행복의 필수 조건이다. 일은 자신에게 자유를 주며 동시에 식욕과 단잠을 준다." 사람들은 일을 통해서 부와 건강과 행복을 누릴 수 있습니다.

조선일보가 서울대 의대 체력과학노화연구소의 박상철 교수와 함께 한국의 100세 이상 장수 노인들을 조사하여, 장수의 비결이 무엇인지 연구했습니다. 이 연구 결과에 따르면 100세 이상 건강하게 장수하려면 '일'을 해야 한다는 것입니다. 일하는 사람의 평균 수명은 노는 사람보다 14년이 길다고 합니다. 바쁜 노인은 치매도 없다고 합니다. 건강을 위해 놀고먹는다는 사람이 있지만 말도 안 됩니다. 심각한 중병을 앓아서 휴양이 필요한 사람을 제외하고는 오히려 일을 해야 건강합니다.

성경은 이렇게 말하고 있습니다. "사람이 하나님의 주신 바 그 일평생에 먹고 마시며 해 아래서 수고하는 모든 수고 중에서 낙을 누리는 것이 선하고 아름다움을 내가 보았나니 이것이 그의 분복이로다"전5:18. 하나님이 각 사람에게 태어날 때부터 나누어주신 복이 있습니다. 그것은 바로 자신에게 주어진 일을 열심히 하면서 기쁘고 즐겁게 사는 것입니다. 일과 직업 속에 자신에게 주어진 행복이 숨겨져 있습니다.

이렇게 하나님께서 복으로 주신 직업이 바로 천직(天職)입니다. 독일의 정치경제학자 막스 베버는 『프로테스탄트와 자본주의 정신』이라는 논문에서 서구 유럽이 부유한 국가가 된 이유가 바로 이런 기독교의 노동관 때문이라고 말합니다. 그들은 일, 직업을 하나님께서 맡기신 천직이라고 생각했고, 그 일을 통해서 하나님께 영광을 돌려야한다고 생각했습니다. 그래서 자신의 직업에 최선을 다해서 열심히 일했고, 근검 절약하고 가난한 이웃을 도왔습니다. 그러다보니 자연히 자본이 축적되고 산업이 발달하여 경제가 부흥하게 되었다는 것입니다. 일이란 개인의 행복뿐 아니라 국가의 행복까지 만들어주는 행복의 원천인 셈입니다.

도미니크라는 소년이 있었습니다. 소년은 부모가 운영하는 작은 식당에서 주방 설거지를 하며 어머니를 돕고 있었습니다. 한번은 술에 취한 손님이 음식을 트집 잡으며 어머니에게 횡포를 부렸습니다. 도미니크는 얼른 나가서 "죄송합니다. 우리 네 사람은 열심히 하는데 오늘밤처럼 손님이 많은 날에는 일손이 부족해서 그런 일이 생기기도 하네요. 기분 푸시고 다음에 꼭 다시 찾아주세요. 다음에 오시면 와인을 드릴게요."라고 손님을 설득했습니다. 손님은 아이와 싸울 수 없어서 자리를 떴습니다. 그때부터 소년은 까탈을 부리는 손님 시중은 도맡아 했습니다. 그러면서 소년은 자신에게 남다른 재능이 있다는 것을 깨달았습니다. 바로 다른 사람들의 심정, 욕구를 정확히 읽어내어 중재하고 설득한다는 것입니다. 도미니크의 부모는 이런 아들의 재능을 개발할 수 있는 천직을 찾았습니다. 그래서 부모는 도미니크에게 사회학을 공부시켰습니다. 도미니크는 열심히 일하며 공부해서 미국의 유명한 사회학자가 되었고, 미국 명문대학의 총장이 되었습니다. 일 속에서 자신의 재능을 찾고, 천직을 발견하고, 행복을 찾은 것입니다.

일을 단순히 생계유지를 위한 수단으로 생각하면 고통스러운 노동이 됩니다. 그러나 일이 하나님께서 자신에게 주신 축복이 숨겨져 있는 천직이라고 생각해 보십시오. 그리고 일을 즐기면서 열심을 다하십시오. 그러면 그 일 속에서 행복을 찾을 수 있습니다. 더 나아가서 돈도 명예도 성공도 건강도 따라옵니다. 일은 곧 행복의 문을 여는 열쇠입니다.

열심히 일한 자가 수확의 기쁨을 얻듯이,
행복도 열심히 일한 자에게 주어집니다.
행복의 분량은 일하며 흘린 땀과 정비례합니다.

　밑바닥 청소부에서 연매출 30억 달러(약 3조 원)의 뉴스타 투자그룹 회장이 된 아메리칸 드림의 주인공 남문기 회장. 그의 성공 비결은 바로 "일을 사랑하라. 그리고 그 일에 미쳐라"입니다.

　학창시절 그는 사고뭉치였습니다. 고등학교에서 두 번이나 퇴학을 당하고, 세 번째 학교에서 간신히 졸업을 할 수 있었습니다. 그러나 정신을 차리고 공부에 매달려 대학에 진학했고, 은행에 입사도 하였습니다. 그는 몇년 동안 나름대로 열심히 살았지만, 더 큰 꿈에 도전하고 싶었습니다. 그래서 그는 1982년 미국으로 건너갔습니다.

　미국에서 그가 시작한 일은 청소였습니다. 청소는 냄새나고 힘든 일이었지만, 그에게는 고생이 아니라 즐거운 놀이였습니다. 다른 직원이 하루에 형광등 100개를 갈면 그는 300개를 갈면서 즐겁게 일했고, '청소의 달인'이 되었습니다.

그는 청소 일을 하면서도 짬짬이 공부를 해서 부동산 에이전트 자격증을 따고, 미국의 대형 부동산회사에 소속된 작은 사무실에 들어갔습니다. 그가 진짜로 하고 싶은 일은 바로 부동산업이었습니다. 그는 아침 6시부터 자정까지 지칠 줄 모르고 신나게 일했습니다. 손님에게 집을 선보이는 날이면 아침 일찍 그 집에 도착해서 청소의 달인답게 깨끗하게 청소를 해놓았습니다. 결국 그는 매출 1등이 되었고, 9개월 만에 'Realty World New Star' 라는 자신의 지점을 차려 독립했습니다.

자기 사업을 시작한 후로 더 열심히 일했습니다. 그가 깨달은 것은 "무슨 일이든지 재미를 앞세워 무아지경에 빠질 정도로 열심히 일하면 일등은 따 논 당상이다"라는 것입니다. 그는 첫해 77건의 거래를 성사시키면서 본사가 주는 신인상과 MVP상을 한꺼번에 거머쥐었습니다. 그의 사업은 멈출 줄 모르고 확장되었습니다. 현재 그는 직원 1500명, 지점 54개를 지닌 대그룹의 회장이 되었습니다.

일을 제대로 해보지 못한 사람은 일에서 얻는 즐거움이 얼마나 큰지 알지 못합니다. 자신의 열정을 다해서 일을 해보면 일에서 얻는 행복이 얼마나 큰지 깨닫게 될 것입니다.

건강은
행복 밑천이다

"건강을 잃으면 모든 걸 잃는다."

한 교수의 마지막 가르침입니다. 성균관대 법학과 이교수는 학기가 끝나기 두 달 전에 직장암 3기 진단을 받았습니다. 의사는 수술을 받기 위해서는 강의를 중단하라고 권고했지만, 이미 시작된 학기를 중단할 수 없었습니다. 이 교수는 강의를 하면서 치료를 받겠다고 고집했고, 수업을 강행했습니다. 그리고 학기를 마치는 마지막 수업 시간에 수술 후 다시 만나자는 인사를 했지만, 그는 수업이 끝난 후 연구실에서 심근경색으로 쓰러지고 말았습니다. 병원으로 급히 이송했지만 이미 늦었습니다. 과로사였습니다.

이 교수는 학생들에게는 인자하고 학문에는 엄격한 신망 있는 교수라서 유독 따르는 학생들이 많았다고 합니다. 아직 50대 젊은 나이의 실력 있는 인재를 잃는다는 것은 참으로 안타까운 일이었습니다. 건강과 함께 모든 것이 사라진 것입니다.

"인생의 첫 번째 재산은 바로 건강이다." 미국의 사상가 에머슨의 말입니다. 건강은 인생의 기초 자본입니다. 우리는 건강을 바탕으로 해서 행복을 만들 수 있고, 성공도 이룰 수 있고, 돈도 벌 수 있습니다. 만약 건강을 잃는다면 행복도 성공도 재산도 아무 소용이 없습니다.

어느 부자 환자가 의사를 붙들고 간청하였습니다. "선생님, 제게 돈은 얼마든지 있습니다. 명예와 지위도 있습니다. 건강 하나만 빼고는 무엇이든지 다 있습니다. 선생님, 제 건강을 되찾아 주십시오. 무엇이든지 드리겠습니다." 이 말을 들은 의사는 안타까워하며 조용히 답했습니다. "저도 최선을 다하겠습니다. 그러나 당신은 지금 뭔가를 잘못 알고 계십니다. 당신은 건강 하나만 없는 것이 아니라, 아무 것도 없는 것입니다. 건강이 없다면 모두 다 소용이 없습니다."

우리는 가끔씩 착각하곤 합니다. 건강은 별 것 아니라고 말입니다. 부자도 건강할 수 있고 가난한 사람도 건강할 수 있고, 성공한 사람도 성공하지 않은 사람도 건강할 수 있기 때문에 건강이란 별로 가치가 없는 것이라고 착각하기 쉽습니다. 그래서 돈이나 명예나 지위가 더 소중하다고 생각하고 건강을 돌보지 않다가 결국 모든 것을 잃는 결정적인 실수를 저지르기도 합니다. 소 잃고 외양간 고친다고, 건강을 잃어보아야 건강의 소중함을 깨닫게 됩니다. 하지만 그때는 너무 늦습니다. 건강은 건강할 때 지켜야 합니다.

독일의 철학자 쇼펜하우어는 말했습니다. "인간의 행복은 거의 건강에 의하여 좌우된다. 건강하기만 하면 모든 일은 즐거움과 기쁨의 원천이 된다. 반대로 건강하지 못하면 이러한 외적인 행복도 즐거움이 되지 않을 뿐 아니라 뛰어난 지(知), 정(情), 의(意)조차도 현저하게 감소된다."

건강은 행복의 밑천입니다. 건강해야 행복할 수 있습니다. 농사를 지어도 종자가 있어야 농사를 지을 수 있고, 장사를 해도 종자돈이 있어야 장사를 할 수 있습니다. 마찬가지로 행복하려면 건강이라는 밑천, 종자돈이 필요합니다. 건강하면 돈도 벌 수 있고, 성공도 할 수 있고, 명예도 얻을 수 있고,

못할 것이 없습니다.

따라서 우리가 실패해서 빈손이 됐다고 하더라도 건강만 있다면 얼마든지 다시 일어설 수 있습니다. 밑천이 있기 때문입니다. 인생의 실패를 겪을 때, 보통 사람들은 심한 정신적 충격으로 심장질환이나 뇌혈관 질환 등을 일으켜 쓰러지기도 합니다. 돈도 잃고 건강도 잃으면 정말 다시 일어서는 것이 힘겨워집니다. 하지만 건강만 있으면 건강을 밑천삼아 무슨 일이든지 다시 시작할 수 있습니다. 돈은 잃어도 건강을 잃어서는 안 됩니다.

미사리 화훼단지 내에 조화 꽃 매장을 운영하는 김민기 씨. 그는 새벽에는 우유배달을 하고 낮에는 꽃 매장에서 일을 하며 열심히 살았습니다. 그런 그에게 이웃이 딱한 사정을 호소하며 돈을 빌려달라고 부탁했습니다. 마음 약한 김씨는 남의 돈까지 빌려다가 이웃을 도와주었습니다. 그런데 이것이 재앙의 씨앗이 되었습니다. 돈을 빌려 쓴 그 이웃이 밤새 도망을 쳐버린 것입니다. 졸지에 김씨는 빚쟁이에게 시달리는 신세가 되었습니다. 돈도 돈이지만 믿었던 사람에게 배신을 당했다는 생각에 죽고만 싶었습니다. 사람들이 무섭고 우울증이 생겼습니다.

　그는 며칠을 잠도 못자고 괴로워하다가 새벽녘에 기도를 시작했습니다. 그때 그에게 '범사에 감사하라' 는 성경 말씀이 떠올랐습니다. "하나님 감사합니다. 건강을 주셔서 감사합니다. 건강한 두 눈과 두 손과 두 발을 가지게 하시고 또 오토바이를 잘 탈 수 있게 해주셔서 감사합니다. 건강한 몸으로 돈까지 벌 수 있게 해주시니 감사합니다." 그는 건강이 있으면 다시 일어설 수 있다고 믿었습니다. 그러자 정말 그의 믿음대로 되었습니다. 그에게 숯을 이용한 화훼 작품을 만들 아이디어가 떠올랐던 것입니다. 그는 우유배달을 접고 화훼 사업에 전력투구했습니다. 미사리 개발로 인해 길동 생태 공원 쪽으로 화원을 옮기면서 행운이 뒤따랐습니다. 숯 작품이 날개 돋친 듯 팔려나가 빚도 갚고 사업도 확장하게 되었습니다.

　건강이 있다면 얼마든지 다시 일어설 수 있습니다. 건강이 가장 큰 밑천입니다.

　건강을 지키려면 어떻게 해야 할까요? 미국의 자동차 왕이라 불리는 포드 자동차 회사 창립자 헨리 포드는 84세까지 건강하게 장수했는데 자신의 건강비법을 네 가지로 말하고

있습니다. 첫째 적당한 운동, 둘째 적당한 음식, 셋째 신선한
공기 그리고 넷째 마음의 평화. 그는 제일 중요한 것이 바로
'마음의 평화' 라고 말합니다. 마음을 지켜야 건강도 지킬 수
있습니다.

마음을 지키고 건강을 지키는 것, 그것은 행복을 지키는
길입니다.

재산을 잃으면 조금 잃은 것입니다.
명예를 잃으면 많이 잃은 것입니다.
그러나 건강을 잃으면 모든 것을 잃은 것입니다.

갑작스럽게 돌아가신 아버지를 대신해서 가족의 생계를 책임지고 야간고등학교를 다니며 약 배달 일을 하던 한 소년이 있었습니다. 소년은 항상 약사들이 조제한 약을 손으로 일일이 종이에 포장하느라 시간이 걸리는 것을 보고 자동화 기계가 있으면 좋겠다는 생각을 하게 되었습니다. 그리고 그는 약국에 자동화 기계를 도입해서 '세계의 모든 약국을 내 손으로 움켜쥐리라' 는 야심찬 꿈을 꾸었습니다.

그의 나이 31세, 드디어 꿈을 향한 첫걸음을 내딛게 됩니다. '협신 메디컬' 이라는 상표를 내걸고 첫 약 자동 포장기계를 출시했는데 대박이 터졌습니다. 의료보험제도가 도입되어 병원마다 환자들이 몰렸고, 손이 모자란 병원 약국들은 앞 다퉈 기계를 사갔습니다. 1980년대 그는 엄청나게 돈을 벌었습니다.

그러나 돈을 버는 동안 가장 귀한 것을 잃었습니다. 바로 건강입니다. 1988년 그는 폐암선고를 받았습니다. 의사는 가족들에게 포기하라고 사형선고를 내렸습니다.

그는 사업을 접고 기도원으로 들어갔습니다. 8년 동안 그는 생사를 넘나드는 투병생활을 했습니다. 그동안 인생의 새로운 목표를 세우게 되었습니다. 단지 성공을 위해 달리는 것이 아니라 하나님을 위해 이웃을 위해 보람 있게 살아가겠다는 목표를 세우게 되었습니다. 결국 그는 폐암을 이겨냈습니다. 기적이었습니다.

1996년 건강을 되찾고 회사로 돌아와 보니, 회사는 만신창이가 되어 있었습니다. 믿고 회사를 맡겼던 직원들이 기술을 빼내 자기 회사를 차린 것입니다. 그는 다시 시작했습니다. Jesus Victory라는 뜻의 ㈜제이브이엠(JVM)으로 회사명을 바꾸었습니다. 그는 연구원을 모았고, 누구도 따라오지 못할 하이테크 기술을 개발했습니다. 3년 동안은 적자가 계속되었지만, 끝내는 기술을 개발해냈습니다. 결국 그는 연매출액 470억 원이라는 놀랄만한 성적을 일궈냈습니다. 그가 바로 김준호 회장입니다.

요즘 그는 캄보디아, 베트남, 미얀마 등을 방문해 어려운 이웃을 위해 봉사활동을 하며, 행복하게 살고 있습니다.

웃으면
행복이 만들어진다

"행복해서 웃는 것이 아니다. 웃으면 행복해진다." 미국의 철학자 윌리엄 제임스의 말입니다. 너무 불행해서 웃을 일이 없는 그 때가 바로 더 웃어야 할 때입니다. 웃으면 행복이 만들어지기 때문입니다.

부천에서 미용실을 운영하는 한복순 원장은 39세 젊은 나이에 유방암 선고를 받고 수술과 항암치료를 받았지만, 두 번이나 재발을 해서 죽음 직전까지 가게 되었습니다. 세 번째 암 선고를 받고 항암치료를 받던 그녀는 결국 쓰러지고 말았습니다. 남편은 그녀를 데리고 여행을 갔습니다. 남편을 따라 그녀가 간 곳은 산 속에 있는 웃음치료 요양병원이었습니다.

"하하하 헤헤헤 히히히 호호호 후후후!"

웃음 치료실에서 빨간 방울을 코에 달고 피에로 분장을 한 남자가 사람들을 웃기기 시작했습니다. 그러자 치료실에 모인 사람들이 모두 배를 잡고 자지러질 듯이 큰 소리로 웃었습니다. 어색한 표정으로 앉아있는 그녀에게 사람들은 "웃어요! 웃으면 안 아파요!"라고 충고했습니다. 그래도 그녀는 그저 어색한 미소만 지을 뿐이었습니다. 하지만 재미있는 비디오를 보기 시작하자 그녀 자신도 모르는 사이에 웃음이 터져 나왔습니다. "하하하하하!" 뱃속까지 울리는 웃음을 한바탕 웃고 나니 눈가에 눈물까지 맺혔습니다. 병실에 돌아와서도 웃음이 가시지 않았습니다.

이렇게 웃고 나자 통증이 전혀 느껴지지 않았습니다. 참 이상하다 싶었는데 일주일 간 계속 웃는 연습을 하자 통증이 사라졌습니다. 실제로 웃음은 모르핀보다 300배나 강력한 효과를 가진 '엔케팔린' 이라는 호르몬을 분비시킨다고 합니다. 웃기만 했는데 몸속에서 강력한 진통제가 솟아나온 것입니다.

그녀는 채식 위주의 식사를 하면서 계속 웃음치료를 받았습니다. 그 결과 암세포가 점점 줄어들더니 결국 항암치료 없이 암을 이겨냈습니다.

웃음의 치료 효과는 1960년대부터 알려졌습니다. 미국의 『토요 리뷰』라는 잡지 편집장이었던 노만 카슨은 '강직성 척수염'이라는 희귀병에 걸렸습니다. 뼈와 뼈 사이에 염증이 생겨 몸이 시멘트처럼 굳어져서 죽음에 이르는 병으로, 한번 걸리면 500명 중 1명만 완치된다는 병이었습니다. 그는 하늘이 무너지는 것 같았습니다. 절망적인 생각들만 밀려왔습니다. 그러다가 어느 날 책에서 '부정적인 정서는 신체에 나쁜 영향을 미치고, 긍정적인 생각은 살균작용을 한다'는 구절을 발견한 그는 생각이 바뀌었습니다. 이렇게 절망에 빠져 있어서는 안 되겠다 싶어서 그 후부터 그는 긍정적인 생각을 하기 시작했습니다. 부정적인 책이나 TV프로는 일절 보지 않고, 희망적인 책만 읽고, 웃고 즐길 수 있는 코미디 프로만 보았습니다. 그러자 놀랍게도 통증이 사라졌고 깊은 잠을 잘 수 있었습니다. 그리고 1년 뒤 기적처럼 병이 완치되었습니다.

그는 하버드 대학을 찾아가 자신을 연구해 줄 것을 제안했고, 결국 한 번 크게 웃을 때마다 혈관이 뚫려 혈액순환이 잘 된다는 연구 결과를 얻어냈습니다. 그는 죽을 때까지 이 웃음치료를 가르쳐서, '웃음학' 의 창시자가 되었습니다.

현재는 더 놀라운 연구 결과들이 발표되고 있습니다. 미국의 캘리포니아주 로마린다 대학의 리버크 박사의 실험결과에 의하면 웃음이 면역력을 높인다고 합니다. 한바탕 웃고 나면 암세포를 공격하는 NT세포와 T세포, 항체를 만드는 B세포의 활동성이 증가하고 여러 가지 항체도 증가한다고 합니다. 그래서 웃음은 신진대사를 활성화시키고 면역체계를 최적의 상태로 만들어 준다는 것입니다. 또 미국 스탠포드 의대 윌리엄 프라이 교수는 "15초만 웃으면 2일을 더 살 수 있다"는 주장을 펴고 있습니다.

성경에도 "마음의 즐거움은 양약이라도 심령의 근심은 뼈로 마르게 하느니라"잠17:22고 하였습니다. 조선시대 명의 허준도 그의 동의보감에서 "웃음은 보약보다 좋다"고 말했습니다. 웃음만큼 좋은 약이 없습니다. 웃음은 하나님께서 우리 속에 숨겨 놓으신 최고의 긍정 에너지입니다. 웃음을 웃고 나면 몸은 건강하게 되고, 마음은 긍정적인 사고로 가득 차게 됩니다. 내 안에 있던 모든 긍정적 에너지들이 자유롭게 활동하기 시작합니다. 그러면 생각지도 못한 지혜도 생기고, 없던 용기도 생겨납니다. 어려운 문제도 해결해 나갈 수 있고, 질병도 이겨낼 수 있습니다.

웃을 일이 있을 때 웃는 것이 아니라, 웃으면 웃을 일이 생기는 것입니다. 영국의 유명한 극작가 윌리엄 셰익스피어는 말합니다. "마음이 즐거우면 하루 종일 걸어도 고단치가 않다. 그러나 마음이 괴로우면 십리도 못가서 피곤하다." 마음이 기쁘면 어떤 어려운 일도 넉넉히 이겨낼 수 있습니다.

제3의 오일쇼크라고 불리는 요즈음, 풀리지 않는 경제적 어려움 앞에서, 직장의 스트레스 앞에서, 치열한 경쟁 앞에서, 한숨만 짓지 말고 오히려 "하하하" 큰 소리로 웃어보십시오. 당신 안에 이미 모든 것을 이겨낼 능력이 숨겨져 있습니다.

미국 보스턴에 위치한 켄모어 재봉틀 공장에서는 매년 한 번씩 판매실적이 가장 좋은 사원을 뽑아 상을 주었습니다. 그런데 3년 연속으로 1등을 차지한 판매사원이 있었습니다.

그 비결을 묻자 그는 이렇게 대답했습니다. "저는 상품을 팔기 위해 남의 집을 방문할 때 제 평생에 가장 행복했던 순간을 떠올립니다. 바로 결혼식이지요. 그러면 그 순간 제 얼굴은 기쁨으로 확 펴지게 됩니다. 이렇게 활짝 웃는 제 얼굴을 보고 그 주인이 마음을 열었습니다." 실제로 한 보험회사에서 판매실적이 좋은 사원들의 통계를 내보니 평소 잘 웃는 사원은 웃지 않는 사원보다 30%이상 높은 실적을 올렸다고 합니다.

중국 속담에 "웃지 않는 사람은 장사도 하지 말라"는 말이 있습니다. 웃을 때 건강하고, 웃을 때 좋은 인간관계를 만들 수 있으며, 웃을 때 무슨 일이든지 잘 할 수 있습니다.

활짝 웃으십시오. 웃으면 행복이 만들어집니다.

기분 나쁜 일이 있더라도 웃음으로 넘겨보십시오.
찡그린 얼굴을 펴는 것만으로도 마음이 펴집니다.
행복은 웃음을 선택한 사람만이 누릴 수 있는 특권입니다.

세계 최대의 프랜차이즈를 목표로 하는 기업. 바로 'BBQ 치킨' '닭 익는 마을' 'BHC' 로 유명한 ㈜제너시스입니다.

㈜제너시스 대표 윤홍근 회장은 1995년, 잘 다니던 대기업 직장을 그만두고 자본금 5억 원으로 치킨 사업에 뛰어들었습니다. 그는 석·박사를 동원해서 최고의 맛을 내기 위한 연구를 거듭했고, 본사보다 가맹점을 돈 벌게 하자는 생각에서 광고와 경영지원을 아끼지 않았습니다. 그에게 IMF는 오히려 기회였습니다. 소자본으로 창업하려는 사람들이 줄을 섰기 때문입니다. 95년 11월 경기도 연천군 전곡읍에 1호점을 낸 후로, 7개월 만에 100호점, 2년 만에 430호점, 3년 만에 500호점, 4년 만에 1000호점을 세웠습니다.

그러나 생각지 못한 태풍이 불어 닥쳤습니다. 2003년 국내 최초로 조류 인플루엔자(AI)가 발생한 것입니다. 매출이 평소의 10%대로 떨어져 회사는 문 닫을 위기에 놓였습니다.

그가 이런 위기를 극복한 비결은 바로 '웃음' 입니다. 그의 별명은 '미스터 스마일' 입니다. 조류 인플루엔자(AI)가 발생하여 1천1백억 원의 손실을 입은 최대의 위기 때에도 웃음을 잃지 않았습니다. 그는 국산 닭이나 오리를 먹고 조류독감에 걸려 사망할 경우 20억 원의 보험금을 지급하기로 약속하고, 농림수산부장관을 찾아가 직접 해명을 부탁했으며, 유명 연예인과 함께 닭고기 먹기 캠페인을 벌이면서 가두행진까지 했습니다. 이런 노력으로 소비자들은 2개월 만에 다시 닭고기를 찾게 되었습니다.

그는 말합니다. "어릴 때 별명이 '스마일' 이었습니다. 웃으면 스트레스가 확 풀립니다. 혼자 있을 때도 거울을 보고 2~3분씩 자주 웃지요. 주변에서 제가 '파안대소' 하는 모습이 가장 멋있고 행복해 보인다고 합니다."

현재 그는 3000개의 가맹점을 가진 국내 최대의 프랜차이즈 기업의 CEO가 되었고, 일본, 스페인, 베트남, 호주, 미국 등 세계 40여 개국에 진출하여, 5년 안에 맥도널드를 추월하겠다는 다부진 꿈을 실현해 나가고 있습니다.

미스터 스마일. 그의 웃음은 고난을 이기고 성공을 만들어낸 값진 웃음입니다.

사랑받기를 기다리지 말고
먼저 사랑하라

영화 '슈퍼맨'의 주인공, 크리스토퍼 리브. 인기와 돈과 명예를 다 가진 그였지만 그는 이 모든 것이 헛되다는 것을 깨닫게 됩니다. 1995년 낙마 사고로 척추를 다쳐 전신마비 장애인이 되었기 때문입니다. 그는 산소 호흡기를 통해 숨을 쉬고 튜브로 음식물을 섭취하며 생명을 이어가게 되었습니다. 아들의 사고 소식을 듣고 중환자실로 찾아온 어머니에게 그는 "이제 제 인생에 남은 것은 없어요. 그러니 내 몸에 부착된 모든 의료 기구를 제거해 주세요"라고 부탁했습니다. 한참을 침묵하던 어머니는 아들의 말에 동의해 주었습니다. 그러나 그의 아내 데이나는 단호하게 말했습니다.

"당신은 여전히 당신이에요. 그리고 난 당신을 사랑해요."
그는 아내의 이 한마디 말에 용기를 얻어 생의 줄을 놓지 않기로 결심합니다.

그는 아내의 사랑에 힘입어 재활에 전념했습니다. 그리고 힘든 재활치료 과정을 불굴의 의지로 이겨내고 신체 70%의 감각을 되찾게 됩니다. 의학자들도 놀랐습니다. 그리고 그는 자신이 잃었던 모든 것을 되찾습니다. 세 편의 드라마와 한 편의 영화에 배우로 출연하였고, 드라마와 애니메이션 영화의 감독까지 맡았습니다.

그뿐 아니라 '크리스토퍼 재단'을 설립해서 장애인들을 위한 봉사활동과 의료 연구 지원활동도 활발히 해 나갔습니다. 그래서 미국의 노벨의학상이라고 불리는 '래스커 상'의 공공봉사 부문상을 수상하게 됩니다. 그는 미국의 스타가 아니라 '미국의 영웅'이 된 것입니다.

그는 10년간의 활발한 활동을 끝으로 52세의 나이에 심장마비로 세상을 떠났습니다. 그리고 그를 사랑하던 아내 데이나 리브도 남편이 떠난 지 1년 5개월 만에 폐암으로 세상을 떠났습니다. 그들은 떠났지만 그들이 가르쳐준 사랑의 위대한 힘은 여전히 남아 있습니다.

독일의 종교개혁자 마르틴 루터는 말합니다. "사랑이 없는 인생은 죽은 것과 같다." 어느 시인의 말처럼 인생이 꽃이라면 사랑은 그 꽃의 꿀입니다. 만약 꿀이 없다면 그 꽃은 조화나 다름없습니다. 인생은 사랑으로 행복해집니다. 사랑이 없는 인생은 무미건조한 조화처럼 행복의 맛이 없습니다. 행복의 비결은 바로 사랑입니다.

행복학의 대가, 미국의 긍정심리학자인 마틴 셀리그먼 교수는 '가장 행복한 사람들에 대한 연구'에서, 조사자 중에서 행복한 사람 상위 10%에 속하는 사람들은 거의 모두가 사랑하는 사람이 있었다고 합니다. 그리고 결혼한 사람이 그렇지 않은 사람보다 더 행복했다고 합니다. 결혼한 사람들 중 40%가 '아주 행복하다'라고 답한 반면, 결혼을 하지 않은 사람들 중 행복하다고 말한 사람은 23%에 불과했습니다. 이 같은 조사결과는 17개 국가의 모든 민족에게서 똑같이 나타났습니다.

"사랑을 돈으로 환산한다면 얼마나 될까?" 영국의 BBC 방송국에서 이런 재미있는 연구를 해보았습니다. 그 결과 부부의 사랑은 매년 1억짜리 복권에 당첨되는 것과 비슷한 행복을 준다고 합니다. 결혼은 경제적 이득으로 보면 1년에

7만 2000파운드, 우리나라 돈으로 약 1억 3700만 원에 해당하는 행복이라고 합니다. 결혼하지 않은 미혼자가 결혼한 부부만큼 행복을 느끼려면 매년 1억 3700만 원을 써야 한다는 말입니다. 그리고 별거는 2억 5000만 원, 배우자의 죽음은 3억 2000만 원의 소득이 줄어드는 것과 같은 고통을 겪게 된다고 합니다.

그런데 문제는 사랑의 관계를 늘 변함없이 지켜나가기가 어렵다는 것입니다. 첫눈에 사랑에 빠져 결혼을 한 많은 부부들이 몇 년이 되지 못해 이혼하는 일이 얼마나 많습니까? 미국 코넬대학교 인간행동연구소의 신디아 하잔 교수팀의 연구에 의하면 "가슴 뛰는 뜨거운 사랑은 길어야 30개월"이라고 합니다. 18~30개월이 지나면 가슴을 뛰게 만들던 도파민, 페닐에킬아민, 옥시토닌, 엔돌핀 등의 호르몬의 분비가 멈춘다는 것입니다.

그러면 어떻게 해야 사랑을 지켜갈 수 있을까요? 영국의 역사학자 아놀드 토인비는 사랑에는 두 가지 욕망이 있다고 말했습니다. 첫 번째는 주고 싶다는 마음이고, 두 번째는 갖고 싶다는 마음이라고 합니다. 대부분의 사람은 사랑받고만 싶어 합니다. '나는 이만큼 사랑받아야 한다'는 기대치를 가지고 자신이 다른 사람들에게 그만큼 사랑을 받는지 점수를 매깁니다. 그러면 대부분의 사람들은 낙제 점수를 받고, 자신은 사랑받지 못하는 불행한 사람이라고 생각하고 스스로 상처를 받습니다. 그런 생각에 빠지다보니 남에게 무뚝뚝해지고 화도 잘 내게 됩니다. 그러니 더 다른 사람에게 사랑을 받는 것은 어려워집니다. 이 악순환이 계속되면 사랑받지도 못하고, 사랑하지도 못하게 됩니다.

정말로 사랑받고 싶다면 먼저 사랑하십시오. 당신이 먼저 마음을 열고 사랑을 베풀면 다른 사람도 그 사랑에 마음을 열고 사랑을 주게 됩니다. 그러면 당신은 자신이 얼마나 사랑을 받고 있는지 알게 되고 행복해집니다. 그래서 독일의 소설가 헤르만 헷세는 말했습니다. "사랑하는 것은 사랑받는 것보다 더 아름답고 행복하다."

1997년 1주일 차이로 두 명의 세계적인 여인이 죽음을 맞았습니다. 8월 31일 영국의 황태자비 다이애나와 9월 5일 인도의 성녀 마더 테레사의 죽음입니다. 그리고 두 여인의 너무나 대비되는 삶이 조명되었습니다. 영국의 다이애나 황태자비는 세상의 모든 여성이 부러워하는 행운을 잡았습니다.

황태자와의 드라마틱한 사랑과 결혼은 그녀에게 화려한 명성을 안겨 주었으며, 그녀는 빼어난 외모와 뛰어난 패션 감각으로 어느 스타 못지않은 인기를 누렸습니다. 부귀와 명예 모두가 그녀의 것이었습니다. 그러나 그녀는 불행했습니다. 그녀가 원했던 남편의 사랑을 받지 못하고 불행한 결혼 생활을 하다가 결국 이혼하고, 불의의 교통사고로 세상을 떠나게 되었습니다. 그와 정반대로 마더 테레사는 인도의 가장 가난한 빈민촌에서 살았습니다. 좋은 옷이나 좋은 음식은 그녀와 먼 것이었습니다. 그녀는 그저 가난하고 병든 사람들에게 사랑을 주고 또 주었습니다. 그러나 그녀는 행복했습니다. 그녀는 모든 사람에게 사랑받으며 성인의 반열에까지 오르게 되었습니다. 사랑을 받기 원하는 사람과 사랑을 주기 원하는 사람의 차이가 아닐까요?

　가만히 앉아서 사랑을 기다리지 말고, 스스로 사랑을 만들어 가십시오. 먼저 사랑을 주면, 더 큰 사랑과 행복이 뒤따라옵니다.

38세 젊은 나이에 미국 민주당 부통령 후보로 지명된 전도유망한 청년 프랭클린 루즈벨트. 그는 자신감으로 가득 차 있었습니다. 그는 철도회사 부사장인 부자 아버지 덕분에 귀족적이고 부유한 가정에서 좋은 교육을 받으며 편안히 자라왔습니다. 게다가 명석한 두뇌로 하버드대학교를 졸업한 후 변호사 시험에 합격하여, 25세 젊은 나이에 개인 변호사 사무실을 개업하였습니다. 잘생긴 외모에 만능 스포츠맨인 그는 28세에 민주당 상원의원으로 당선되어 정계에 진출하였고, 31세에는 해군차관보에 임명되어 제1차 세계대전에서 활약하기도 했습니다.

그러던 그가 최초의 실패를 경험하게 됩니다. 부통령 선거에서 패배한 것입니다. 엎친 데 덮친 격으로 소아마비까지 찾아왔습니다. 그는 결국 다리를 쓰지 못하게 되어 휠체어 신세를 지게 되었습니다. 그의 자존심이 무너져 내렸습니다.

그가 인생의 수렁 속에 빠졌을 때 그의 곁에는 아무도 없었습니다. 오직 그의 아내만이 그를 지켜 주었습니다. 그는 이 시기에 자기 자신을 돌아보게 됩니다. 그는 똑똑한 수재였지만, 자아와 교만으로 가득 찬 사람이었습니다. 타협이 없었고, 오직 자기주장만 있는 고집 센 사람이었습니다. 그래서 친구도 없었고, 인기도 없었습니다. 당연히 지도자로서의 리더십도 인정받지 못한 것입니다.

그 때부터 그는 자기가 최고라는 생각을 버리게 됩니다. 남을 인정하고, 자신이 먼저 남에게 다가갔습니다. 밤마다 파티를 열면서, 자신의 정적마저 친구로 만들었습니다. 남을 사랑하는 법을 배우게 된 것입니다. 그는 비록 소아마비 때문에 몸은 약하게 되었지만, 온유하고 사람을 사랑할 줄 아는 지도자의 성품을 가지게 되었습니다.

그는 결국 미국의 32대 대통령으로 당선됩니다. 그리고 미국이 경제대공황을 만나 엄청난 고통에 처하게 되었을 때, 'New Deal 정책'을 세워 국민 한 사람 한 사람을 위로하고 격려하며 경제 공황을 이겨냈습니다. 그는 미국 역사상 유례없는 4선 대통령이 되었습니다.

작은 변화가
행복을 가져온다

"뭐 이런다고 인생이 달라지겠어?" 인생을 행복하게 바꿀 수 있다고 아무리 소리쳐도 사람들은 보통 이렇게 단념하고 맙니다. 로또가 터지거나, 조상들이 숨겨놓은 땅이라도 발견되면 몰라도 그저 그런 작은 일상의 변화로는 불행한 자기 인생을 도저히 바꿀 수 없을 거라고 미리 단정 짓습니다.

그러나 그렇지 않습니다. 기상학 이론 중에 '나비 효과' 라는 것이 있습니다. 중국 북경에서 일어난 나비의 날개짓 하나가, 미국 뉴욕에서는 허리케인과 같은 엄청난 결과를 초래할 수 있다는 것입니다. 우리가 무시하는 작은 변화의 움직임이 엄청난 결과를 가져올 수도 있습니다.

세상의 모든 불행이 자신을 따라다닌다고 생각하는 남자가 있었습니다. 일본인 마스다 미쓰히로입니다. 그는 사업에 실패하고 빈털터리가 되어 이혼까지 당했습니다. 그는 인생의 밑바닥에 떨어졌다는 자괴감으로 심한 자살충동에 시달려야 했습니다. 하루 종일 방안에만 틀어박혀 있었습니다. 이불 속에서 꼼짝도 않고 누워있자니 방안은 점점 쓰레기로 가득 찼습니다. 한번은 친구가 찾아왔습니다. 그 친구는 그를 대신해서 방안의 쓰레기를 치우기 시작했습니다. 방과 창문을 활짝 열고 필요 없는 짐들은 다 내다 버렸습니다. 방이 깨끗해지고 맑은 공기가 가득 차자, 가슴 속에 희망이 차오르는 것이 느껴졌습니다. 이 청소가 그의 인생에 터닝 포인트가 되었습니다. 그는 2주 후 청소를 해 준 그 친구와 함께 청소사업을 시작했고, 그의 경험을 바탕으로 『꿈을 이루는 청소력』이라는 책을 썼습니다. 그는 인생을 변화시키는 힘은 청소라는 작은 변화에서 시작된다고 주장합니다. 이 책은 일본의 최고 베스트셀러가 되었으며, 그는 이제 성공한 기업가이자, 성공학에 관한 명강사가 되어 이름을 날리고 있습니다.

반대로 자신이 방치한 작은 허점 하나가 더 큰 피해를 불러오는 경우도 있습니다. '깨진 유리창의 법칙' 이라는 범죄 심리학 이론이 이를 증명합니다. 1969년, 미국 스탠포드 대학의 필립 짐바드로 교수는 치안이 허술한 골목에 보닛을 열어둔 두 대의 자동차를 일주일 동안 방치해 두되, 그 중 한 대의 자동차 유리는 고의적으로 깨뜨려 놓는 실험을 해 보았습니다. 일주일 후 유리창이 깨진 자동차는 배터리나 타이어가 사라진 것은 물론 낙서와 파괴로 고철이 되어 버렸습니다. 깨어진 창문 하나가 파괴와 약탈을 재촉했다는 것입니다.

실제로 뉴욕시는 연간 60만 건 이상의 중범죄로 시달리던 뉴욕 지하철을 변화시키기 위해서 이 '깨진 유리창의 법칙'을 적용했습니다. 범죄를 예방하기 위해서 뉴욕 지하철의 모든 낙후된 시설들을 수리하고, 낙서를 지우고, 깨끗하게 청소를 하기 시작한 것입니다. 그러자 놀랍게도 90일 만에 효과가 나타났습니다. 범죄가 급속히 줄어들기 시작한 것입니다. 이제 뉴욕의 지하철은 800만 뉴욕시민의 안전한 교통수단으로 사랑받고 있습니다.

우리의 인생도 마찬가지입니다. '이 정도쯤이야' 라는 생각으로 방치해 두었던 작은 오점들이 더 큰 문제를 일으키기도 합니다. 좀 약속을 안 지켜도, 좀 건성건성 일해도, 좀 불친절해도, 몇 사람과의 관계가 좀 나빠져도 별 문제 아니라고 지나쳐 버리기 쉽습니다. 그러나 이런 작은 오점들이 점점 쌓이면 결국에는 그 사람을 평가하는 부정적 기준으로 작용하게 됩니다.

얼마 전 국정원 고위직 인사 때 승진 예정이던 고위급 간부가 음주운전 경력이 드러나 승진에서 탈락한 사건이 있었습니다. 사소한 일 같지만 준법정신과 자제력을 문제 삼아 고위직 지도자의 태도로써 적절치 않다고 탈락을 시켰다는 것입니다. 미국의 벨 항공사를 창립한 로렌스 D. 벨은 "작은 일에 애쓰지 않는 사람이라면, 그에게 큰일을 맡길 수 없다"고 말했습니다.

작은 일을 하찮게 생각해서는 안 됩니다. 모든 것은 사소한 데에서 출발합니다. 한 알의 작은 씨앗이 하늘을 찌르는 큰 나무가 되는 것을 보십시오. 행복도 불행도, 성공도 실패도, 다 그 처음은 작은 일에서 시작됩니다.

행복도 그렇습니다. 많은 사람들이 큰 행복만 기대하고, 큰 변화를 바라다가 그것이 이루어지지 않으면 불행하다고 생각합니다. 그러나 행복은 그런 거창한 일이나 큰 변화에서 오는 것이 아닙니다. 일상의 작은 일과 작은 변화에서 행복은 시작됩니다. 그리고 일상의 작은 변화들이 하나씩 하나씩 쌓이면 모든 사람이 꿈꾸는 그런 큰 변화, 큰 행복이 만들어지는 것입니다.

2005년 영국 BBC방송은 런던에서 40km가량 떨어진 버크셔타운의 슬라우시 주민들을 대상으로 행복학에 관한 실험을 진행했습니다. 6인의 심리학자와 각 분야의 전문가들로 구성된 '행복위원회'의 주도로 '행복학 이론'을 실생활에 적용해서 정말로 사람들이 행복해지는가를 확인하는 실험이었습니다. '행복위원회'의 전문가들은 긍정 심리학자들이 주장하는 '행복의 기술'을 주민들에게 알려주고, '행복헌장'이라는 10가지 작은 법칙을 생활 속에서 실천하도록 했습니다. 그 결과는 놀라웠습니다. 주민들은 행복헌장의 작은 항목들을 실천하면서 인생의 긍정적인 변화를 경험했고, 이런 작은 변화를 통해서 행복을 느낄 수 있었습니다.

이 행복 헌장 10계명은 아주 작은 일들이었습니다.

1. 운동을 하라. 일주일에 3회 30분씩이면 충분하다.
2. 좋았던 일을 떠올려보라. 하루를 끝낼 때마다 감사할 일 다섯 가지를 생각하라.
3. 대화를 나눠라. 매주 한 시간은 배우자나 가장 친한 친구들과 대화를 나눠라.
4. 식물을 가꿔라. 아주 작은 화분도 좋다. 죽이지만 말라.
5. TV시청시간을 반으로 줄이라.
6. 미소를 지으라. 적어도 하루에 한 번은 낯선 사람에게 미소를 짓거나 인사를 하라.
7. 친구에게 전화하라. 그동안 멀어졌던 친구들에게 연락해서 만날 약속을 하라.
8. 하루에 한 번씩 유쾌하게 웃으라.
9. 매일 자신에게 작은 선물을 하라.
10. 매일 누군가에게 친절을 베풀라.

당신도 지금 당장 실천해 보십시오. 이런 작은 일상의 변화들이 행복한 인생을 만들어갑니다.

행복은 어쩌다 한번 주어지는 큰 재산이 아니라,
일상생활에서 느끼는 작은 감동에서 비롯됩니다.

　김밥 한 줄에 행복을 전하는 이가 있습니다. 서울 지하철 역삼역 3번 출구 한솔빌딩 옆 골목, 김밥 장사 김철한 씨가 그 주인공입니다. 벌써 5년째 한 자리에서 김밥을 팔고 있는 그는 이 지역 유명인사입니다. 고소한 오이김밥, 맛있는 부추김밥, 여기에 참치김밥과 치즈김밥을 함께 담은 2000원짜리 도시락 김밥, 카레 주먹밥, 김치김밥 모두 톡톡 뛰는 독특한 맛을 가진 김밥들입니다. 그러나 그가 유명한 것은 김밥의 맛 때문만이 아닙니다.

　이른 아침 출근 길, 사람들은 그의 웃는 얼굴과 따뜻한 인사에 언 마음을 녹이며 김밥을 사갑니다. "휴일 잘 지내셨어요?" "출장 잘 다녀오셨어요?" 사람들에게 건네는 젊은 남자의 인사말이 남다릅니다. "오늘은 일찍 오셨네요." "예, 밀린 서류 때문에…." 넥타이를 맨 아저씨도 눈인사를 주고받으며 봉지를 받아갑니다. 미니스커트 차림의 아가씨가 다가 오자 "머리끈이 달라졌네요"라고 관심을 보이는 그에게 아가씨는 "지난 주말에 애인이 사줬어요. 아저씨 많이 파세요"라고 인사를 건넵니다. 더욱 놀라운 것은 그가 손님의 취향을 일일이 기억했다가 척척 김밥을 건네는 것입니다. 그가 봉지에 넣어 손님에게 건네는 것은 단지 은박지에 싸인 김밥 한 줄만이 아니라, 따뜻한 마음과 행복이었습니다. 이 작은 차이가 그를 이 지역의 유명인사로 만들었습니다.

그는 세 아이의 아버지입니다. 다섯 살짜리 쌍둥이 두 아들과 막내. 자신과 아내 모두 가난한 집안에서 태어나 결혼을 한 처지라 형편이 넉넉하지 않았습니다. 그는 약품 배달, 건설현장 노동, 과일드레싱 판매 등등 손에 잡히는 대로 일했습니다. 그러다가 아내 혼자 쌍둥이 아들을 키울 수 없게 되자, 낮 동안 함께 아이를 돌볼 수 있는 김밥 장사를 시작한 것입니다.

그는 새벽 2시면 일어나서 김밥을 말고, 6시 30분이면 역삼역으로 나옵니다. 9시까지 파는 김밥은 대략 250줄 정도. 9시 30분쯤 장사를 끝내면 그는 가락동 농수산물 시장을 찾아 신선한 재료를 구입합니다. 최고의 김밥을 선물하고자 하는 그의 마음에는 행복이 가득합니다.

행복한 가정은 든든한 인생의 울타리이다 · 남이 행복해야 나도 행복하다 ·
용서는 나 자신을 위한 것이다 · 우는 사람을 안아주면 나도 따뜻하다 · 말
한마디로 행복을 나눌 수 있다

행복한 가정은
든든한 인생의 울타리이다

신용불량자란 꼬리표를 달고 힘겨운 삶을 살아가던 한 가정주부. 그녀를 일으켜 세운 것은 가족의 힘이었습니다. 건축기사였던 그녀의 남편은 사고와 사업실패로 신용불량자가 되었습니다. 그리고 남편의 가출과 도피생활로 가족들은 살인적인 빚 독촉에 시달려야 했습니다. 밤마다 울려오는 전화벨 소리에 가족들은 비명을 질렀고, 친정어머니는 전 재산인 한 칸짜리 전세방마저 압류하겠다는 으름장에 병원 응급실 신세를 져야만 했습니다. 딸아이 학교까지 찾아온 추심원들은 저승사자보다 더 무서웠습니다. 그녀는 죽고 싶었지만 그럴 수 없는 현실이 암담할 뿐이었습니다.

천만다행으로 그녀는 신용회복신청이라는 방법을 찾아냈고, 카드 빚 2000만원을 8년간 나눠 갚기로 하면서 무지막지한 빚 독촉에서 벗어날 수 있었습니다. 하지만 무거운 빚의 무게는 어쩔 수 없었습니다. 이 때 딸아이의 한마디 말이 그녀에게 힘을 주었습니다.

"부모님이 계셔서 행복해요. 2, 3년만 더 고생하세요. 제가 취직하면 한꺼번에 다 갚을 순 없어도, 몇 달치를 한 번에 갚으면 8년씩 걸리지 않아도 돼요. 난 엄마 딸로 태어난 게 정말 행복해요." 아직 어린 아이인 줄로만 알았던 딸이 어느새 든든한 그녀의 기댈 언덕이 되어 있었던 것입니다.

이 이야기는 신용회복 수기 공모에 대상으로 당선된 정모 씨의 이야기입니다. 신용불량을 극복한 사람들이 공통적으로 하는 말은 "가족이 가장 큰 힘이 되었다"는 것입니다.

가정은 인생의 든든한 울타리입니다. 혼자 맞으면 쓰러질 만한 모진 비바람도 가정이라는 든든한 울타리가 있으면 견뎌낼 수 있습니다.

미국 가족사회학의 대가 엘더 박사는 샌프란시스코에서 3대째 살아온 사람들을 대상으로 설문조사를 했습니다. 그의 조사에 의하면 농촌의 빈곤, 1930년대 미국의 대공황, 전쟁의 참혹함 등을 가장 잘 견딘 사람들은 결혼해서 행복한 가정을 이룬 사람들이었습니다. 그래서 그는 결혼과 가정이 시련의 완충제 역할을 한다고 결론 내렸습니다.

뿐만 아니라 가정이란 든든한 울타리는 인생의 성공을 가져옵니다. 세계 정상의 기업인들을 자문하고 교육시키고 있는 미국의 스티븐 코비 리더십센터에 따르면 현재 미국은 이혼율이 50%에 육박할 정도로 가정 붕괴 현상이 심각하지만, 미국을 대표하는 정상급 CEO 50명 중 43명은 한 명의 배우자와 행복한 가정을 이루고 있다고 합니다. 이들은 하나같이 건강한 가정생활이 주는 기쁨과 심리적 안정을 성공 비결이라고 말하고 있습니다. 리더십의 핵심 자질인 포용력, 인내심, 대화기술, 용기, 협조정신, 상상력, 정직 등은 모두 건강한 가정생활을 통해 만들어지기 때문입니다.

그러나 우리는 가정 해체의 위기 속에 살고 있습니다. 자신만의 행복을 추구하거나 어쩔 수 없는 상황 등으로 인해 가정을 포기하는 사람들이 점점 늘고 있습니다. 빈곤이나 실직 또는 이혼으로 가정이 해체되면서 자녀를 버리는 일이 생겨났습니다. 보건복지부 통계에 의하면 2004년 한 해 동안 빈곤이나 이혼으로 가정이 해체되어 버려진 아이들이 1만 222명이나 됩니다. 하루에 28명꼴로 아이들이 부모로부터 버림받는 것입니다. 요즘은 이혼을 할 때 자신의 재혼과 행복을 위해 서로 자녀를 양육하지 않겠다고 한답니다. 뿐만 아니라 자신의 행복을 위해 부모를 버리는 현대판 고려장까지 등장했습니다. 필리핀으로 부모를 모셔가서 재산을 빼앗고 나 몰라라 내버린 아들, 캐나다로 부모를 모셔간 후 이민 신청이 거절되자 부모의 재산만 빼앗아 도망간 딸, 과연 행복할 수 있을까요?

가정이 해체되면 사회까지 흔들립니다. 전 미국 FBI의 심리분석관인 로버트 K. 레슬러가 살인자들의 범죄 심리를 분석한 결과, 살인자들은 대부분 부모에게 버려졌거나, 불행한 가정에서 부모의 사랑을 받지 못한 사람들이었다고 합니다. '나 혼자 버려졌다' 거나 '나는 쓸모없는 놈' 이라는 고립감이 커지면 내면의 공격심도 커져서 탈선행동을 보이게 되고, 결국 살인까지 저지르게 된다는 것입니다. 가정이 깨어지면 각종 범죄와 사회문제가 일어나게 되는 것입니다.

미국의 역사가 필립 반 네스 마이어즈는 로마 제국의 멸망

원인이 가족 제도의 붕괴라고 말합니다. "로마 가정의 굴뚝에서 연기가 사라지는 순간 로마도 지구상에서 사라졌다." 가정은 사회의 가장 기본단위로서 건강한 사회를 만드는 기초가 됩니다. 한 나라의 흥망성쇠는 정치적·군사적·경제적 힘에 의해 좌우되기보다는 건강한 가정의 존재 여부에 달려 있다는 것입니다. 가정의 행복 없이는 개인의 행복도 사회의 행복도 꿈꿀 수 없습니다.

부자는 3대를 못 가고, 기업의 수명은 평균 30년이라고 하지만 250년간 기업을 지켜낸 집안이 있습니다. 바로 세계의 금융 황제라 불리는 유대인계 독일 은행가 로스차일드 가문입니다. 로스차일드 가문을 일으킨 선조는 마이어 암셀 로스차일드입니다. 그는 고리대금업을 시작으로 은행을 만들었고, 유럽 5개국에 지점을 세웠으며, 그를 뒤이은 후손들은 세계 1, 2차 대전을 거치면서 막대한 부를 축적했습니다. 이 가문이 이렇게 성공하게 된 비결이 있습니다. 선조 마이어가 유언으로 남긴 '스키타이 왕의 다섯 개의 화살' 이라는 교훈입니다.

기원전 6세기 경 카스피 해 동부에 강력한 국가를 건설한 스키타이 왕이 있었습니다. 그 왕은 임종 직전에 다섯 아들을 불러 모았습니다. 그리고 다섯 개의 화살을 묶은 화살 더미를 주며 꺾어보라고 하였습니다. 아무도 그 화살 더미를 꺾지 못했습니다. 이번에는 화살 한 개씩을 꺾어보라고 하였습니다. 그러자 모두 쉽게 화살을 꺾었습니다. 그것을 본 왕은 이렇게 말했습니다. "너희들이 결속해 있는 한 스키타이의 힘은 강력할 것이다. 그러나 흩어지게 되면 스키타이의 번영은 끝나는 것이다. 형제간에 화합하라."

마이어도 스키타이 왕과 똑같이 '형제간에 화합하라' 는 유언을 남기고 죽었습니다. 그리고 이 교훈은 250년간 가문 대대로 이어졌습니다. 로스차일드 가문이 개인의 야욕과 영예를 위해 서로 싸우고 분열했다면 벌써 그 가문은 끝이 났을 것입니다. 그러나 개인보다는 가족을 생각하고 서로 힘을 모았기에 유대인이라는 조롱과 야유에서 벗어나 세계 최고의 명문 가문을 이룬 것입니다.

가족의 힘은 위대합니다. 행복한 가정은 당신 인생의 가장 든든한 울타리가 될 것입니다. 행복한 가정을 만드는 것, 그것은 행복을 업그레이드시키는 최고의 비결입니다.

사람은 집에 있을 때 행복에서 가장 가까워지고,
밖으로 나갈 때 행복에서 가장 멀어집니다.

박미정씨는 평범한 가정주부였습니다. 안정적인 중소기업에 다니는 남편과 함께 알뜰히 모아서 평촌신도시에 30평대 아파트를 마련하고 단란한 가정을 꾸리며 행복하게 살고 있었습니다.

그러던 어느 날 남편이 친구를 위해 수억 원의 빚보증을 서준 것이 잘못 되어서 그만 아파트도 날리고 길거리에 나앉게 되었습니다. 게다가 수천만 원의 빚까지 떠안게 되었습니다. 남편은 실직까지 했으며 그 충격에서 헤어나지 못했습니다.

그러나 그녀는 이를 악물었습니다. 집 근처 의왕공단의 액세서리 공장, 금속부품 공장 등을 찾아다니면서 일감을 수소문하여 하루 6~8시간씩 열심히 일하면서 돈을 벌었습니다. 물론 그렇게 일해 봐야 한 달에 버는 돈은 고작 80만~120만 원 정도였습니다.

하지만 일을 하는 동안 원망도 잊을 수 있었고, 남편과 싸움도 하지 않게 되었습니다. 그녀가 이렇게 열심히 일을 하며 일어서려고 노력하는 것을 보고 남편도 감동을 받았습니다. 남편도 다시 마음을 다잡고 막노동이라도 찾아다니며 열심히 일을 했습니다.

아내와 남편이 한 마음이 되어 열심히 살아가자 많게만 느껴졌던 빚도 어느새 다 갚게 되었습니다. 그리고 고등학교와 대학에 다니는 두 자녀의 학자금도 마련할 수 있었습니다.

험난한 인생길에 가정이 든든한 울타리가 되어 주지 않았다면 아내도 남편도 결코 일어서지 못했을 것입니다.

남이 행복해야
나도 행복하다

아프리카의 성자라 불리는 슈바이처 박사는 "다른 사람의 행복을 위해 살라. 그러면 당신도 행복하게 된다"라고 말했습니다. 사람의 나쁜 본성 중 하나는 자기 자신만 사랑하고 자기의 행복만 바라는 것입니다. 그러나 실제로 자기 자신만을 생각하는 사람은 불행합니다. 사람은 근본적으로 하나님과 나, 나와 이웃이란 관계 속에서만 행복을 느끼기 때문입니다. 그래서 행복한 삶을 사는 방법은 매우 간단합니다. 다른 사람의 행복을 위해 살아가십시오.

1920년대 미국에서 있었던 실화입니다. 사업가 수완이 있는 스트롯사라는 건실한 청년이 조그만 개인 소매상이라도 갖고 싶어서 보스턴에서 금융업을 하고 있는 버튼이라는 사람을 찾아갔습니다. 스트롯사는 생전 처음 보는 버튼에게 사업 자금을 빌려달라고 부탁했습니다. 버튼은 담보가 있어야 대출을 해줄 수 있다고 했지만, 대화를 나눌수록 이 청년이 믿음직했습니다. 그래서 회사 규정을 어기고 2000달러를 대출해 주었습니다. 스트롯사는 그 돈으로 워싱턴에서 상점을 냈습니다. 그는 가게를 찾아오는 손님들에게 정성을 다했고, 결국 크게 성공했습니다. 그때 미국에 경제공황이 불어 닥쳤습니다. 수많은 금융사들이 하루아침에 문을 닫게 되었습니다. 버튼도 파산의 위기에 처했습니다. 그러자 이 소식을 들은 스트롯사는 버튼을 찾아가서 돕고 싶다고 말했습니다. 버튼이 이미 대출금을 다 갚지 않았느냐고 반문하자 그는 이렇게 말했습니다. "빚은 다 갚았지만, 아직 은혜의 빚은 남아있습니다. 그 빚을 갚아야 합니다." 결국 버튼은 스토롯사의 도움으로 도산 직전의 회사를 구할 수 있었습니다.

성경은 "주라 그리하면 너희에게 줄 것이니 곧 후히 되어 누르고 흔들어 넘치도록 하여 너희에게 안겨주리라 너희의 헤아리는 그 헤아림으로 너희도 헤아림을 도로 받을 것이니라"

눅6:38고 가르치고 있습니다. 남을 향한 사랑과 나눔은 씨앗과 같습니다. 씨앗이 작아도 땅에 심으면 많은 열매를 거둘 수 있듯이, 남을 향한 작은 나눔과 선행은 그보다 훨씬 많은 결실과 행복으로 다가옵니다. 캐나다 브리티시 컬럼비아 대학과 미국 하버드 경영대학원 연구진은 미국인 630명을 대상으로 돈을 사용한 용도에 따른 행복감을 조사했습니다. 그 결과 자신을 위해 돈을 사용하는 사람보다 남을 위해 돈을 사용하는 사람이 훨씬 더 큰 행복감을 느끼는 것으로 나타났습니다.

미국의 스탠더드 석유회사를 창립한 백만장자 록펠러는 가난한 행상인의 가정에서 태어났습니다. 그는 일찍부터 돈을 많이 벌어야겠다는 꿈을 꾸었고, 마침내 그의 꿈이 이루어져 43세에 스탠더드라는 석유회사를 설립하고, 53세에는 세계 최고의 부자가 되었습니다.

그런데 그가 세계 최고의 부자의 자리에서 군림하던 바로 그때, 그만 불치의 병에 걸리고 맙니다. 악성 피부병에 걸려 머리카락과 눈썹은 모두 빠지고, 몸은 날이 갈수록 쇠약해져 갔습니다. 당시 록펠러의 수입은 일주일에 1백만 달러나 되었지만, 병중에 있는 그가 먹을 수 있는 것이라고는 고작

비스킷과 우유밖에 없었습니다. 게다가 그를 미워하는 사람이 너무 많아 늘 경호원들의 호위를 받아야 했고, 밤마다 불면증으로 고통을 겪었습니다. 의사들은 입을 모아 앞으로 록펠러가 1년 이상 살지 못할 것이라고 하였습니다. 언론들은 록펠러의 사망을 예상하고, 그의 사망 기사를 미리 준비해 놓았습니다.

록펠러는 밤잠을 설치며 '만약 내가 죽게 되면' 이란 상상을 해 보았습니다. 그리고 돈이 인생의 전부가 아니라는 것을 깨달았습니다. 그날 이후, 그는 막대한 재산을 정리해서 록펠러 재단을 설립하고, 가난하고 불쌍한 사람들을 돕는 자선사업을 시작했습니다. 그러자 이상한 일이 생겼습니다. 그가 편안한 잠을 잘 수 있게 된 것입니다. 음식도 잘 먹을 수 있게 되었습니다. 54세를 넘기지 못할 것이라는 의사들의 진단과 예상을 깨고 록펠러는 98세까지 건강하게 살았습니다.

남이 행복해야 나도 행복합니다.

내가 이 세상에 살아 있음으로 해서,
나로 인해서 단 한 사람이라도 행복해졌다면 나는 성공한 사람입니다.
미국의 시인, 에머슨의 말입니다.

'직원을 행복하게 만드는 회사' ㈜안토니오 김원길 사장. 그는 가정형편이 어려워서 17세 어린 나이 때부터 신발 만드는 기술을 배웠습니다. 그는 손재주가 좋아서 최고 기술자가 되었고, 국제기능올림픽에 나가 제화부문 동상까지 탔습니다. 그리고 큰 꿈을 안고 '안토니오 제화'를 세웠습니다.

그러나 워낙 밑천 없이 시작한 사업이다 보니 자금 회전이 되지 않아 창업한 지 3년 만에 부도 위기에 몰리고 말았습니다. 그는 자살까지 생각하였습니다. 그가 절친한 친구를 찾아가 "내가 안 보이면 한강에 간 걸로 알아라"고 하소연하자, 친구는 "너 하나 죽어서 해결되는 일이면 그렇게 해라"고 질책했습니다. 그 말을 듣고 나니 자신의 좁은 생각이 부끄러워졌습니다. 자신을 바라보고 있는 가족들, 회사에 전 가족의 생계를 걸고 있는 직원들, 그들의 얼굴이 떠올랐습니다.

그는 마음을 추스르고 재기를 다짐했습니다. 신발업은 사양사업이라고 대출을 꺼리는 은행 담당자를 만나서, 사람들이 신발을 신지 않는 날이 오지 않는 한 신발업은 사양사업이 아니라고 설득했습니다. 그의 집념으로 결국 회사를 다시 정상 가동하게 되었습니다. 그는 이탈리아 바이네르 사의 이름을 도입해서 고급 브랜드 이미지를 만들었습니다. 이 신발은 임산부와 30, 40대 주부들 사이에서 인기를 끌기 시작하여, 매년 매출이 30%씩 급증하게 되었습니다.

이 위기를 겪고 난 뒤 그는 회사의 목표를 바꾸었습니다. 그는 '세계 신발업계 1등'이라는 목표를 버리고, '직원들의 행복 지수 1등 회사'를 꿈꾸기 시작했습니다. 그는 벤츠 한 대를 뽑아 직원들이 이용하게 하였습니다. 우선순위 1등은 여자 친구와 데이트할 총각 사원이었습니다. 그는 직원들이 비싼 차를 타보고 자기만의 성공을 꿈꾸게 하고 싶었던 것입니다. 그리고 장학회를 설립해 지역 학생들에게 장학금을 주고, 효 콘서트도 열었습니다.

남의 행복을 목표로 뛴 그의 기업은 더 큰 성공을 이루었습니다. 연매출 113억 원, 전국 40개 백화점에 진출한 국내 매출 순위 3위의 기업이 되었습니다.

용서는 나 자신을 위한 것이다

한 젊은 청년이 있었습니다. 머리도 좋고, 의지도 강하고, 술 담배도 안하고, 운동을 쉬지 않고, 건강식을 즐기는 청년이었습니다. 그런데 그가 어느 날 갑자기 암 선고를 받고 6개월 만에 죽었습니다. 이 소식을 듣고 놀란 그의 친구는 그가 죽기 전에 함께 나눴던 대화가 기억났습니다.

오랜만에 그 청년을 만난 친구는 "요즘 어떻게 지내는가?"하고 물었습니다. 그러자 그 청년은 "일기 쓰는 재미로 산다네"라고 답하였습니다. 친구는 "그렇게 매일 쓸 것이 있나?"하고 물었더니, 그는 "하루라도 용서할 수 없는 일이 생기지 않는 날이 없어서 말이야"라고 답하는 것이었습니다.

그 청년은 화가 나든지, 억울한 일을 당하든지, 남에게 피해를 입어서 도저히 용서할 수 없는 일이 생길 때마다 그 일을 잊지 않기 위해서 일기를 썼습니다. 더 놀라운 것은 그런 분노의 일기를 몇 십년간이나 써왔다는 것입니다. 그 청년의 말을 들은 친구는 "자네 그렇게 살다간 오래 살지 못할 걸세. 차라리 빨리 잊어버리게나"라고 충고했습니다.

그러나 그 청년은 친구의 충고를 듣지 않고, 날마다 분노를 되씹으며 괴로워하다가 결국 암에 걸리고 만 것입니다.

분노는 남에게 해롭기 이전에, 먼저 자기 자신에게 해롭습니다. 일본 오사카 의과대학에서 분노 실험을 시행했습니다. 개 한 마리를 네 시간 동안 묶어놓은 후, 약을 올리고 때리면서 화나게 만들었습니다. 그리고 그 개에게서 체액을 취하여 검사를 해보았더니 다량의 독소가 검출되었다고 합니다. 그 독소의 양은 개 80마리를 한꺼번에 죽일 수 있는 양이었습니다.

사람이 분노할 때도 이런 강한 독소가 몸속에 생겨서 자신의 건강을 해치게 됩니다. 사람이 마음에 상처를 받거나, 화를 내면 혈압이 오르고 교감신경계가 흥분한다고 합니다.

이런 상태가 계속되면 면역체계를 위태롭게 만들어 심장혈`
관질환이나 암을 일으킨다는 것입니다. 그래서 요즘 의사들
은 암환자가 오면 혹시 그동안 뭔가 마음에 응어리진 상처
나, 원한, 분노 같은 것이 있는지 묻는다고 합니다. 그런 분
노의 마음이 암을 일으키기 때문입니다.

그래서 미국의 기업가 앤드류 카네기는 말했습니다. "우
리는 원수를 사랑할 만한 성자는 아닌지 모른다. 그러나 적
어도 우리 자신의 건강과 행복을 위하여 원수를 용서하고
잊어버리기로 하자. 그것이 바로 현명이라는 것이다."

이런 분노의 해악을 없애는 최상의 선택은 용서입니다. 용
서란 다른 사람의 잘못을 꾸짖지 않고 덮어주고 잊어버리는
것입니다. 물론 나에게 해를 끼친 사람, 상처를 준 사람을 용
서하는 것은 말처럼 쉽지 않습니다. 특별히 요즘처럼 조금
만 손해를 보아도 법정 소송을 불사하고, 심지어 원한을 갚
기 위해 해결사를 고용하거나, 청부살인을 요청하는 세상에
서 용서란 바보 같은 소리로 들릴지도 모르겠습니다. 그러
나 그런 다툼과 분쟁 속에서 누구보다 더 상처받고 고통스
럽게 되는 것은 바로 분노에 휩싸인 자기 자신입니다. 물론

불의하고 잘못된 것을 법정에 호소해서 자신의 권리를 되찾는 일은 할 수 있습니다. 하지만 법정 판결이 마음의 분노까지 해결해 주지는 않습니다. 마음의 분노를 해결할 수 있는 사람은 오직 자기 자신뿐입니다. 마음으로부터 당신에게 해를 끼친 그 사람을 놓아주십시오. 용서해주십시오. 그러면 당신도 분노로부터 자유롭게 됩니다. 그럴 때 잃어버린 건강과 행복을 되찾을 수 있습니다.

세상에 실수나 허물없이 완벽한 사람은 없습니다. 남을 용서하지 못하는 그 사람도 사실은 누군가에게 용서받아야 하는 부족한 사람일 뿐입니다. 사람은 서로 용서하고 살아가야 합니다.

성경은 끝없이 무조건 다른 사람을 용서하라고 가르치고 있습니다. "누가 뉘게 혐의가 있거든 서로 용납하여 피차 용서하되 주께서 너희를 용서하신 것과 같이 너희도 그리하고"골3:13. 예수님의 제자 베드로가 "주여 형제가 내게 죄를 범하면 몇 번이나 용서하여 주리이까 일곱번까지 하오리이까"마18:21라고 물었을 때, 예수님께서는 이렇게 대답하셨습니다. "네게 이르노니 일곱 번 뿐 아니라 일흔 번씩 일곱 번이라도 할지니라"마18:22. 우리는 삼세 번 용서하면 많이 했다고 생각합니다. 그러나 예수님께서는 490번이라도, 아니 그보다 더 많이 용서해 주라고 하셨습니다. 용서를 베푸는 그 사람도 하나님 앞에서는 용서받아야 할 허물 많은 죄인이기 때문입니다.

영국의 작가 윌리엄 셰익스피어는 "남의 잘못에 대해서 관대하라. 오늘 저지른 남의 잘못은 어제 내 잘못이었음을 기억하라. 잘못이 없는 사람은 하나도 없다. 완전하지 못한 사람이라는 점을 명심하고 진정으로 대해 주라"고 말했습니다.

우리가 용서하지 못하는 것은 사랑이 없어서입니다. 성경은 "미움은 다툼을 일으켜도 사랑은 모든 허물을 가리우느니라"잠10:12, "…사랑은 허다한 죄를 덮느니라"벧전4:8라고 가르치고 있습니다. 남의 잘못을 비판하고 정죄하기에 앞서서 그 사람의 처지를 생각하고 불쌍히 여기는 마음을 가져야 합니다. 그리고 사랑을 주어야 합니다. 어머니는 자식이 죄를 범해서 남들이 다 자기 자식을 욕해도, 자신은 자식의 허물을 덮어줍니다. 자녀를 사랑하기 때문입니다.

미국의 복음전도자 빌리 그래함 목사의 아내 루스 그래함

여사도 남편과의 사이에서 성격과 생활 습관의 차이로 고통스러울 때가 있었다고 합니다. 그러나 그녀가 기도 중에 깨달은 것은 이것이었습니다. "내 남편을 변하게 하는 것은 하나님이 하실 일이고, 내가 할 일은 그를 사랑하는 것이다." 그녀는 남편의 허물을 용서하고 덮어 주었습니다. 그러자 그 가정은 행복의 터전이 되었습니다.

용서의 마음을 가질 때 행복이 만들어집니다. 당신이 누군가를 용서한다면 용서받는 그 사람보다 당신이 더 행복해집니다. 지금 용서하십시오.

유대인의 지혜서 탈무드는 말합니다.
당신이 남에게 복수하고 나면 그 기쁨은 잠깐이지만,
당신이 남을 용서하고 나면 그 기쁨은 영원합니다.

살인 누명을 쓰고 18년간 억울한 옥살이를 했던 드웨인 맥킨니. 그의 기구한 인생은 12세 때 어머니를 잃고 거리 부랑아로 떠돌면서 시작되었습니다. 그는 갱단에 들어가 차량절도와 강도 미수 등의 범죄를 저질러 교도소를 들락거려야 했습니다. 그러다가 19세 때 로스앤젤레스의 한 버거킹 가게에서 권총 강도 살인사건이 일어났는데, 목격자들이 그를 살인범으로 지목했습니다. 그는 억울함을 주장했지만 결국 1급 살인과 강도 혐의로 종신형에 처해졌습니다.

그는 분노에 몸부림을 치며 1년간 구치소에서 재판을 기다리다가 마음을 바꾸었습니다. "모든 것이 내 잘못에서 비롯되었다. 이번 기회에 내 인생을 되돌아보자"라고 생각하고, 거짓 증인과 검사, 판사 모두를 용서하기로 했습니다. 그리고 교도소에 수감되자 자신이 속했던 갱단의 도움을 일절 거부하고 다른 죄수들과 거리를 두고 생활했습니다. 자연히 그는 교도소 수감자들의 공격 대상이 되어서 수차례 칼에 찔리는 등 학대를 받았지만, 포기하지 않고 옛 생활로 돌아가지 않으려고 발버둥 쳤습니다.

그 때 기적이 일어났습니다. 동료 수감자들로부터 버거킹 살인사건의 범인이 따로 있다는 귀띔을 받은 것입니다. 그는 자신을 기소했던 검사에게 이 사실을 알렸고, 검사는 재수사를 통해 진범을 잡았습니다. 그는 18년 만에 누명을 벗고 석방되었습니다.

18년 만에 나온 세상에서 그는 모든 것을 용서하고, 사법당국으로부터 받은 보상금 100만 달러로 새 삶을 시작합니다. 그는 친구의 권유로 위험성은 적고 수익성은 높은 현금자동입출금기(ATM) 사업을 시작했습니다. 그리고 관광객이 많은 하와이에 현금자동입출금기가 없다는 것을 생각해내고 사업을 하와이로 확장했는데, 이 예측이 맞아떨어졌습니다. 맥킨니는 현재 하와이에서만 ATM 38개 지점을 운영해 매달 6만 달러(약 6200만원)의 순수입을 올리는 부자가 되었습니다.

그는 말합니다. "제가 용서를 할 때마다 다른 형태로 그 대가가 돌아왔습니다." 용서의 대가는 행복입니다.

우는 사람을 안아주면 나도 따뜻하다

　한때 팍팍한 세상에 따뜻한 위로와 행복을 전하자는 '프리 허그'(Free Hug) 캠페인이 일어났었습니다. 2년 전 한 호주 청년이 시드니에서 '프리 허그'라고 적힌 피켓을 들고, 지나가는 행인을 무작정 안아 주면서 시작되었는데, 이것이 전 세계로 퍼져나갔습니다. 삭막한 현대 사회에서 외로움으로 마음 아파하는 사람들을 위로하려는 퍼포먼스였습니다.

　포옹은 몸과 마음을 치료해 주는 사랑의 약입니다. 사람은 누구나 불완전하고 연약한 존재입니다. 그런 자신을 누군가가 진심으로 사랑하고 지지한다는 것을 알게 되면 용기와 힘이 솟게 마련입니다. 그러면 마음도 몸도 치료받게 됩니다.

의학적으로도 '안아주면 건강해진다'는 포옹의 효과가 밝혀지고 있습니다. 미국 노스캐롤라이나대 심리학 연구팀이 포옹과 건강의 상관관계를 규명하기 위해 부부 또는 연인 100쌍을 실험했습니다. 이 중 50쌍은 영화를 본 후 20분간 포옹하게 하고, 50쌍은 아무 신체 접촉 없이 영화를 보게 했습니다. 영화가 끝난 후 이들의 신체를 조사했더니, 포옹이 없었던 50쌍의 혈압과 심장박동이 두 배 이상 높았고, 스트레스를 받으면 늘어나는 코르티솔 호르몬 분비량도 많았습니다. 포옹이 스트레스를 줄이고 사람을 건강하게 만들어 주는 것입니다.

포옹은 말보다 더 큰 언어입니다. 때로 말보다 더 많은 말을 전해줍니다. 말이 다 담아내지 못하는 마음을 담아내기 때문입니다. 포옹은 머리가 아닌 마음의 언어입니다.

하나님도 우리를 안아주십니다. "…사람이 자기 아들들을 안음같이 너희 하나님 여호와께서 너희의 행로 중에 너희를 안으사 이곳까지 이르게 하셨느니라"신1:31. 하나님께서 이스라엘 백성을 애굽에서 탈출시키시고 광야로 인도하실 때 마치 아버지가 아들을 안고 가듯 보호해 주셨습니다. 광야 길은 험하고 고단한 길이었습니다. 그러나 하나님은 양식이 없을 때 하늘에서 만나를 내려서 먹게 하셨고, 물이 없어서 목마를 때 반석에서 생수가 터져 나오게 하셨습니다. 고통으로 울부짖는 자녀를 꼭 안아주시고 위로해 주셨습니다.

고통 속에 빠진 사람에게 필요한 것은 단순한 경제적 도움만이 아닙니다. 함께 흘려주는 눈물, 진심으로 이해해 주는 마음, 아픔을 덜어주는 미소, 따뜻한 격려입니다. 그리고 따뜻하게 안아줄 때 이 모든 것을 표현할 수 있습니다.

공주교대부설초등학교 1학년에 민석이가 입학을 했습니다. 민석이는 말수가 적고 폭력성향이 강한 아이였습니다. 하루 종일 안절부절못하고, 수업시간에 교실을 돌아다니며 아이들을 괴롭혔습니다. 같은 반 아이들은 민석이를 무서워했습니다. 그러나 담임 임영남 선생님은 민석이가 눈에 밟혔습니다. 나름대로 20년간 교단을 지켜오며 아이들에 대해서는 자신감이 있었던 선생님이었지만 어찌해야 할지 난감했습니다. 그러나 '이 아이를 잡아주지 못하면 교사로서 자격이 없다'고 생각했습니다. 임 선생님은 사랑으로 대하면 아이들의 비뚤어진 사고가 바로잡힌다는 것을 누누이 보아왔기 때문에 힘을 냈습니다.

선생님은 우선 민석이 아버지와 할머니를 설득해서 방과 후에 교실에 남아 민석이의 뒤쳐진 공부를 봐주게 되었습니다. 때로는 엄하게 꾸짖고, 때로는 자상한 엄마처럼 민석이를 안아주었습니다. 엄마의 정이 그리웠던 민석이는 선생님의 따뜻한 사랑에 마음을 열었고, 자신의 마음 구석에 숨겨 두었던 불만까지 모두 털어낼 수 있었습니다. 그리고 하루하루가 지날수록 민석이의 성격은 양처럼 온순해져 갔습니다. 민석이의 변화를 본 동료 교사들과 학부모들의 추천으로 임 선생님은 교육부장관상까지 받게 되었습니다.

우리 주위에는 남모르게 눈물을 흘리며 아파하는 이웃이 많습니다. 노인일 수도, 가정주부일 수도, 어린 아이일 수도 있습니다. 이들에게 마음을 열고 따뜻하게 안아주십시오. 말보다 더 큰 위로와 격려를 전할 수 있습니다. 사람을 변화시키는 것은 엄한 법규가 아니라 따뜻하게 안아주는 사랑입니다. '프리 허그'가 즉흥적인 공연이 아니라 일상에서 행해지는 평범한 삶의 방식이 된다면 우리 사회는 더욱 따뜻하고 행복해질 것입니다.

신이 인간에게 두 개의 팔을 주신 이유가 무엇인지 아십니까?
서로를 안아 주라는 것입니다.
남을 안아줄 때 자신도 따뜻함을 느낄 수 있습니다.

평생 동안 대학에서 심리학을 연구하고 가르쳐왔으며, 수십 년간 건강과 행복에 관한 여러 권의 저서를 써서 명성을 얻어온 70대 심리학 교수가 있었습니다. 블레어 저스티스. 그는 외면적으로는 성공한 사회적 저명인사로 행복해 보였지만, 그의 내면은 그렇지 않았습니다. 어린 시절부터 늘 자신을 따라다녔던 외로움, 첫 번째 결혼의 실패, 그리고 막내딸의 죽음 등을 겪으면서 항상 마음속의 불행을 떨치지 못하고 살아왔습니다.

그런 그가 아버지의 병환으로 찾아간 고향에서 어머니의 절친한 친구였던 바이올렛 티가든 길버트라는 할머니를 만났습니다. 그녀는 103세의 할머니였지만, 환한 미소에 행복이 가득해 보였습니다. 외면적으로 그녀는 절대로 행복할 조건이 없어보였습니다. 그녀의 살아온 인생도 평탄치 않았습니다. 경제대공황과 세계 대전을 겪으며 격랑의 시대를 살아왔습니다. 평생 발가락 기형이라는 고통을 지니고 살아야 했고, 가난과 싸워야 했으며, 소아마비를 앓는 78세 된 딸을 돌보아야 했습니다. 그렇다고 건강하게 살아온 것도 아닙니다. 심장 보조기 설치, 엉덩이뼈 수술 등 대수술만 네 번을 받아야 했습니다. 그러나 그녀는 한 번도 신을 원망하지 않았고, 삶을 포기하지 않았으며, 자신의 방법으로 고통을 이겨내면서 행복하게 살고 있었습니다.

심리학자는 바이올렛 할머니에게 물었습니다. 깊은 고통을 겪는 사람들에게 어떻게 해주어야 하느냐고. 할머니는 말했습니다. "꼭 끌어안아주지. 무슨 위로의 말을 해주느냐는 그리 중요치 않아. 그저 힘껏 꼭 끌어안아주는 것만으로도 족해. 난 내가 힘들 때 누가 날 꼭 끌어안아주면 좋겠어." 이 말을 듣고, 심리학자는 할머니를 꼭 안아주었습니다. 할머니를 끌어안은 심리학자의 눈에서는 뜨거운 눈물이 흘러나왔습니다. 그가 끌어안았음에도 불구하고 마치 그가 안긴 것처럼 평안하고 따뜻했습니다.

우는 사람을 안아주십시오. 당신도 따뜻해집니다. 서로가 따뜻한 가슴으로 위로할 때 행복이 만들어집니다.

말 한마디로
행복을 나눌 수 있다

기네스북에 '세계 최장수 부부'로 기록을 세웠던 영국의 퍼시 애로스미스(105)와 플로렌스(100) 부부. 이 부부는 1925년 마을의 작은 교회에서 만나 결혼을 한 후 80년간 행복한 결혼생활을 이어왔습니다. 기자들이 이 부부에게 행복한 결혼생활의 비결을 묻자 이들은 그 비결이 한마디 말에 있다고 했습니다. "여보, 미안해요." 혹시 다툴 일이 생겨도 절대로 하루를 넘기지 않고 '미안하다'는 말로 사과하며 갈등을 해결했다는 것입니다. 절대로 화가 난 채로 잠자리에 들지 않고, 화해한 뒤 꼭 껴안은 채 잠들었다고 합니다. 이 부부는 평생 이 따뜻한 말 한마디로 사랑을 키워간 것입니다.

미국 워싱턴대학 심리학 교수인 존 고트맨 박사의 연구에서도 말 한마디가 가정의 행복을 만든다는 것이 입증되었습니다. 그의 조사에 의하면 행복한 가정은 칭찬이나 사랑을 나누는 긍정적인 말을 불행한 가정보다 5배 더 많이 사용하고, 불행한 가정은 비난하거나 싸우는 부정적인 말을 행복한 가정보다 1.5배 더 많이 하는 것으로 나타났습니다.

말 한마디의 힘은 정말로 큽니다. 부주의한 말 한마디가 싸움의 불씨가 되기도 하고, 쓰디쓴 말 한마디가 증오의 씨를 뿌리고, 무례한 말 한마디가 사랑의 불을 끄기도 합니다. 반대로 즐거운 말 한마디는 하루를 빛나게 하고, 사랑의 말 한마디는 행복을 가져오며, 칭찬의 말 한마디가 성공으로 이끌어 줍니다.

미국의 유명한 농구선수 마이클 조던의 무명시절 이야기가 있습니다. 조던이 하루는 경기를 하러 가기 위해 급히 택시를 타려는데 그만 돈을 가지고 나오지 않았습니다. 그래서 지나가는 택시를 세워놓고 사정을 이야기했습니다. "나는 농구선수 마이클 조던입니다. 지금 경기가 시작되는데 돈이 없습니다. 저를 태워주시면 은혜를 잊지 않겠습니다." 그러자 택시 기사들이 하나같이 욕을 하고 가버렸습니다. 조던은 이러다가는 도저히 안 되겠다 싶어서 무조건 택시 한 대를 잡아서 탔습니다. 이 택시는 한 한국인 기사가 운전하고 있었습니다. 조던은 일단 경기장으로 가달라고 했습니다. 그리고 경기장에 도착하자 자신의 사정을 이야기했습니다. "저는 농구선수 마이클 조던인데 지금은 돈이 없습니다. 앞으로 이 은혜를 잊지 않고 갚아드리겠습니다." 그러자 이 한국인 택시기사는 다른 기사들과는 달리 "알겠소. 최고의 선수가 되시오"라고 그를 격려해 주었습니다. 조던은 감격했습니다.

그 후 조던은 정말로 최고의 농구선수, 세계적인 스타가 되었습니다. 그러자 그는 신문과 TV에 광고를 내어 그 한국인 택시기사를 찾았습니다. 얼마 후 조던은 이 한국인 기사를 찾게 되었고 그에게 후하게 보답을 하고, 이후로 둘은 친구가 되었다고 합니다. 말 한마디로 슈퍼스타의 친구가 될 수 있다니 말의 힘이 얼마나 대단합니까?

성경은 말의 중요성을 강조하고 있습니다. "사람은 입에서 나오는 열매로 하여 배가 부르게 되나니 곧 그 입술에서 나는 것으로 하여 만족하게 되느니라 죽고 사는 것이 혀의 권

세에 달렸나니 혀를 쓰기 좋아하는 자는 그 열매를 먹으리라" 잠18:20-21.

말에는 성취력이 있습니다. 말한 대로 현실에서 이루어집니다. 미국의 전문 뇌학자들의 연구 보고에 의하면 사람의 뇌 세포 230억 개 중 98%가 말의 영향을 받는다고 합니다. 자기가 한 말에 자기 자신이 영향을 받게 됩니다. 아메리카 인디언 속담에는 "당신이 생각하고 있는 말을 만 번 이상 반복하면 당신은 그런 사람이 된다"는 말이 있습니다. 말이 씨가 되는 것입니다. 그렇기에 늘 부정적인 말, 남을 비난하는 말을 하면 말대로 부정적이고 불행한 현실을 맞게 되며, 늘 긍정적인 말, 남을 칭찬하는 말을 하면 그 말대로 긍정적이고 행복한 일이 생기게 됩니다. 행복하고 싶다면 행복의 말을 하십시오.

말은 자신의 행복에만 영향을 주는 것이 아니라 남의 행복에도 영향을 줍니다. 말 한마디로 다른 사람에게 희망을 줄 수도 있고, 절망의 나락으로 빠뜨릴 수도 있습니다.

미국 하버드대학교 심리학 교수인 로버트 로젠탈 박사는 샌프란시스코의 한 초등학교 학생들의 IQ테스트를 한 뒤, 그 중 20%를 무작위로 선택해서 그 담임교사에게 이들은 IQ가

높은 학생들이라고 말해주었습니다. 그런데 1년 후, 놀라운 일이 일어났습니다. 이 학생들의 IQ가 무려 20점 이상이나 높아졌고, 성적도 크게 향상되었습니다. 알게 모르게 교사들의 기대와 칭찬의 말이 학생들에게 영향을 주었기 때문입니다. 이것을 '로젠탈 효과'라고 합니다.

실제로 성공한 인물들은 어려서부터 그들을 칭찬해주고 격려해준 누군가가 있었다고 합니다. 맥아더 장군은 어려서부터 싸움 잘하는 골목대장이었습니다. 동네 어른들은 그가 커서 무엇이 될지 걱정했습니다. 그러나 그의 할머니는 "너는 군인 기질을 타고 났어. 너는 커서 훌륭한 군인이 될 거야"라고 격려했습니다. 그는 할머니의 말대로 사관학교에 갔고, 인천상륙작전을 성공시킨 전쟁영웅이 되었습니다.

프랑스의 조각가 로댕은 어려서 똑똑하지 못했다고 합니다. 그래서 그의 아버지는 항상 "내 아들은 바보 같아"라고 하면서 걱정을 했습니다. 로댕은 이 말을 듣고 자신이 진짜 바보라고 생각했고, 그의 성적은 늘 바닥을 맴돌았습니다. 그러던 어느 날 미술 선생님이 그의 그림을 보고 "너는 미술에 소질이 있구나. 대단하다"라고 칭찬을 해 주었습니다. 로댕은 그 칭찬의 말 한마디에 힘을 얻어서 열심히 그림 공부를 했습니다. 그리고 '생각하는 사람'을 조각한 천재 조각가로 명성을 얻게 되었습니다.

천재 물리학자 아인슈타인도 어려서 수학 과목을 제외한 모든 과목이 낙제였습니다. 담임교사는 도저히 이 학생은 못 가르치겠다 싶어서, 아이의 부모에게 공부에는 희망이 없으니 다른 진로를 정하라고 권유할 정도였습니다. 그러나 그의 어머니는 오히려 아들을 감싸면서 "넌 다른 아이들과 다른 점이 있어. 넌 남보다 뛰어난 재능이 있으니 비범한 인물이 될 거야"라고 격려했습니다. 아인슈타인은 어머니의 격려의 말 한마디에 힘을 얻어서 자신이 좋아하는 수학과 과학 공부에 전념했고, 세계적인 천재 물리학자가 되었습니다.

이렇게 당신의 말 한마디는 누군가를 성공시킬 수도 있고, 누군가를 행복하게 만들 수도 있습니다. 당신은 어떤 말을 하고 계십니까? 당신의 한마디 말로 남을 행복하게 만드십시오. 당신의 행복지수도 한층 올라갑니다.

사람을 이롭게 하는 말은 마치 솜처럼 따스하고,
사람을 해롭게 하는 말은 가시처럼 아프게 찌릅니다.
한마디의 말이라도 소홀히 하지 마십시오.
그 한마디가 다른 사람의 인생을 바꿀 수도 있습니다.

미국의 공립학교에 앞을 못 보는 가난한 흑인 소년이 한 명 있었습니다. 아이들은 이 소년을 매일 놀려댔습니다. 아무도 그와 함께 놀아주지 않아 늘 외롭고 힘없이 지내야 했습니다.

그러던 어느 날 생물 실험 시간이었습니다. 실험용 생쥐 한 마리가 실험대를 탈출하여 도무지 어디로 갔는지 알 수 없게 사라져 버렸습니다. 그 때 이 소년은 자신의 특출한 청각으로 쥐 소리를 듣고, 쥐가 어디에 있는지 찾아냈습니다.

수업이 끝난 후 선생님은 이 소년을 조용히 불러서 이렇게 격려해 주었습니다. "넌 우리 반의 어떤 친구도 갖지 못한 능력을 갖고 있어. 네겐 특별한 귀가 있구나."

소년은 그때부터 인생이 완전히 달라졌습니다. 그때까지는 '왜 내가 눈이 안보이게 되었을까' 한탄하며 살았지만, 그 선생님의 한마디 격려의 말을 들은 후에는 '내게 청력의 축복이 주어졌구나' 라고 생각하게 된 것입니다. 소년은 이 한마디 말에 자신감을 얻었고 새로운 인생을 시작했습니다.

그는 열심히 악기를 배우며 노래연습을 하기 시작했습니다. 그는 결국 12세 어린 나이에 앨범을 취입하여 가수가 되었습니다.

그가 바로 '음악의 천재' 라고 불리는 스티비 원더입니다. 그는 30개 이상의 히트곡을 냈고, 총 21번이나 그래미상을 수상하여, 로큰롤 명예의 전당, 작곡가 명예의 전당에 오른 최고의 뮤지션이 되었습니다.

한마디의 말이 한 사람의 인생을 바꾸어 놓을 수도 있습니다. 그렇기 때문에 말 한마디에도 신중해야 합니다. 말을 하기 전에 먼저 세 가지를 생각해 보십시오. 첫째 이 말이 진실인지, 둘째 꼭 필요한 말인지, 셋째 그 말이 나와 남에게 유익한 말인지.

나와 남을 행복하게 만드는 말, 그런 한마디 말은 세상도 변화시킵니다.

행복, 지금 시작하라

"그림을 한번 그려 보시지요."

미국의 한 노인 복지 시설에서 체스를 두며 무료하게 시간을 보내던 81세의 노인에게 한 젊은 봉사 요원이 말을 건넸습니다.

"내가 그림을? 그림은커녕 붓도 잡을 줄 모르는 걸."

노인은 9세의 어린 나이에 미국으로 이민을 온 폴란드 출신의 이민자였고, 어려운 형편에 그림 공부 같은 것은 꿈에도 생각해 보지 못한 채, 74세 은퇴하기까지 맨해튼에서 과자가게를 운영하며 살아온 평범한 소시민이었습니다.

젊은이는 대답합니다. "배우시면 되지요."

노인은 웃으며 "내 나이가 몇인데 그림을 배워?"라고 말했습니다.

젊은이는 물러서지 않았습니다. "제가 보기에는 할아버지의 나이가 문제가 아니라 마음이 문제인 것 같은데요."

　젊은이의 핀잔에 할 말을 잃은 노인은 화실을 찾아 그림을 한번 그려보았습니다.

　예상외로 그림 그리는 것이 재미있어서, 노인은 매일 화실을 찾아가 그림을 배웠습니다. 10주 후. 노인은 천재적인 그림 솜씨를 선보였습니다. 미술 강사도 놀랄 정도였습니다.

　그 후 노인은 본격적으로 그림 작업을 시작했습니다. 노인의 나이 101세에 22번째의 개인전을 열 정도였습니다. 제2의 인생 행복을 찾은 것입니다.

　그가 바로 '원시의 눈을 가진 미국의 샤갈'로 불리는 해리 리버만(Harry Riverman)입니다.

　행복, 늦지 않았습니다. 지금 시작하십시오.

김성광 행복학

행복 자격증

행복은 선택이다!

초판 2쇄 발행 2008년 10월 10일

지은이 김성광
펴낸이 이효재
펴낸곳 도서출판 강남

등록번호 322-2007-000277
주소 서울시 강남구 대치동 951
문의전화 02 562 6637 **팩스** 02 3452 5897

값 10,000원
ISBN 978-89-960535-5-2 (03320)

ⓒ 2008 김성광
잘못된 책은 바꿔드립니다.

I am happy, You are happy
행복국민 행복나라 도서출판 강남

기독교대한하나님의성회(순복음)

강 남 교 회
Kangnam Church

서울특별시 강남구 대치동 951 (우 : 135-847)
951 DAECHI-DONG, KANGNAM-GU, SEOUL, KOREA
TEL : (02) 556-1411(대)   FAX : (02) 564-7360
www.kangnam.or.kr (한글도메인:강남교회)

기적과 축복의 성산

강 남 금 식 기 도 원
KANG NAM FASTING PRAYER MOUNTAIN

477-813 경기도 가평군 청평면 삼회리 158
TEL : (031) 584-1001 FAX : (031) 584-3357
기도선교회 : (02)556-1411(내선 213) FAX:(02)566-1531
www.kangnampm.or.kr 한글도메인 : 강남금식기도원